三木清著

# 人生論ノート

よはく舎

# 目次

# 人生論ノート

# 死について

近頃私は死というものをそんなに恐しく思わなくなった。年齢のせいであろう。以前はあんなに死の恐怖について考え、また書いた私ではあるが。思いがけなく来る通信に黒枠のものが次第に多くなる年齢に私も達したのである。この数年の間に私は一度ならず近親の死に会った。そして私はどんなに苦しんでいる病人にも死の瞬間には平和が来ることを目撃した。墓に詣でても、昔のように陰惨な気持になることがなくなり、墓場をフリードホーフ（平和の庭——但し語原学には関係がない）と呼ぶことが感覚的な実感をぴったり言い表わしていることを思うようになった。

私はあまり病気をしないのであるが、病床に横になった時には、不思議に心の落着きを覚えるのである。病気の場合のほか真実に心の落着きを感じることができないというのは、現代人の一つの顕著な特徴、すでに現代人に極めて特徴的な病気の一つである。

実際、今日の人間の多くはコンヴァレサンス（病気の回復）としてしか健康を感じることができないのではなかろうか。これは青年の健康感とは違っている。回復期の健康感は自覚的であり、不安定である。健康というのは元気な若者においてのように自分が健康であることを自覚しない状態であるとすれば、これは健康ということもできぬようなものである。すでにルネサンスにはそのような健康がなかった。ペトラルカなどが味わったのは病気回復期の健康である。そこから生ずるリリシズムがルネサンス的人間を特徴付けている。だから古典を復興しようとしたルネサンスは古典的であったのではなく、むしろ浪漫的であったのである。新しい古典主義はその時代において新たに興りつつあった科学の精神によってのみ可能であった。ルネサンスの古典主義者はラファエロでなくてレオナルド・ダ・ヴィンチであった。健康が回復期の健康としてしか感じられないところに現代の根本的な抒情的、浪漫的性格がある。いまもし現代が新しいルネサンスであるとしたなら、そこから出てくる新しい古典主義の精神は如何なるものであろうか。

愛する者、親しい者の死ぬることが多くなるに従って、死の恐怖は反対に薄らいでゆくように思われる。生れてくる者よりも死んでいった者に一層近く自分を感じるということは、年齢の影響に依るであろう。三十代の者は四十代の者よりも二十代の者に、しかし四十代に入った者は三十代の者よりも五十代の者に、一層近く感じるであろう。四十歳をもって初老とすることは東洋の知恵を示している。それは単に身体の老衰を意味するのでなく、むしろ精神の老熟を意味している。この年齢に達した者にとっては死は慰めとしてさえ感じられることが可能になる。死の恐怖はつねに病的に、誇張して語られている、今も私の心を捉へて離さないパスカルにおいてさえも。真実は死の平和であり、この感覚は老熟した精神の健康の徴表である。どんな場合にも笑って死んでゆくという支那人は世界中で最も健康な国民であるのではないかと思う。ゲーテが定義したように、浪漫主義というのは一切の病的なもののことであり、古典主義というのは一切の健康なもののことであるとすれば、死の恐怖は浪漫的であり、死の平和は古典的であるということもできるであろう。死の平和が感じられるに至って初めて生のリアリズムに達するともいわれるであろう。支那人が世界のいずれの国民よりもリアリストであると考えられることにも意味がある。われ未だ生を知らず、いづくんぞ死を知らん、といった孔子の言葉も、この支那人の性格を背景にして実感がにじみ出てくるようである。パスカルはモンテーニュが死に対して無関心であるといって非難したが、私はモンテーニュを読んで、彼には何か東洋の知恵に近いものがあるのを感じる。最上の死は予め考えられなかった死である、と彼は書いている。支那人とフランス人との類似はともかく注目すべきことである。

死について考えることが無意味であるなどと私はいおうとしているのではない。死は観念である。そして観念らしい観念は死の立場から生れる、現実あるいは生に対立して思想といわれるような思想はその立場から出てくるのである。生と死とを鋭い対立において見たヨーロッパ文化の地盤——そこにはキリスト教の深い影響がある——において思想というものが作られた。これに対して東洋には思想がないといわれるであろう。もちろんここにも思想がなかったのではない、ただその思想というものの意味が違っている。西洋思想に対して東洋思想を主張しようとする場合、思想とは何かという認識論的問題から吟味してかかることが必要である。

私にとって死の恐怖は如何にして薄らいでいったか。自分の親しかった者と死別することが次第に多くなったためである。もし私が彼等と再開することができる——これは私の最大の希望である——とすれば、それは私の死においてのほか不可能であろう。仮に私が百万年生きながらえるとしても、私はこの世において再び彼等と会うことのないのを知っている。そのプロバビリテいはゼロである。私はもちろん私の死において彼等に会い得ることを確実には知っていない。しかしそのプロバビリテいがゼロであるとは誰も断言し得ないであろう、死者の国から帰ってきた者はないのであるから。二つのプロバビリテいを比較するとき、後者が前者よりも大きいという可能性は存在する。もし私がいずれかに賭けねばならぬとすれば、私は後者に賭けるのほかないであろう。

仮に誰も死なないものとする。そうすれば、俺だけは死んでみせるぞといって死を企てる者がきっと出てくるに違いないと思う。人間の虚栄心は死をも対象とすることができるまでに大きい。そのような人間が虚栄的であることは何人も直ちに理解して嘲笑するであろう。しかるに世の中にはこれに劣らぬ虚栄の出来事が多いことにひとは容易に気付かないのである。

執着する何ものもないといった虚無の心では人間はなかなか死ねないのではないか。執着するものがあるから死に切れないということは、執着するものがあるから死ねるということである。深く執着するものがある者は、死後自分の帰ってゆくべきところをもっている。それだから死に対する準備というのは、どこまでも執着するものを作るということである。私に真に愛するものがあるなら、そのことが私の永生を約束する。

死の問題は伝統の問題につながっている。死者が蘇りまた生きながらえることを信じないで、伝統を信じることができるであろうか。蘇りまた生きながらえるのは業績であって、作者ではないといわれるかも知れない。

しかしながら作られたものが作るものよりも偉大であるということは可能であるか。原因は結果に少くとも等しいか、もしくはより大きいというのが、自然の法則であると考えられている。その人の作ったものが蘇りまた生きながらえるとすれば、その人自身が蘇りまた生きながらえる力をそれ以上にもっていないということが考えられ得るであろうか。もし我々がプラトンの不死よりも彼の作品の不滅を望むとすれば、それは我々の心の虚栄を語るものでなければならぬ。しんじつ我々は、我々の愛する者について、その者の永生より以上にその者の成したことが永続的であることを願うであろうか。

原因は少くとも結果に等しいというのは自然の法則であって、歴史においては逆に結果はつねに原因よりも大きいというのが法則であるといわれるかも知れない。もしそうであるとすれば、それは歴史のより優越な原因が我々自身でなくて我々を超えたものであるということを意味するのでなければならぬ。この我々を超えたものは、歴史において作られたものが蘇りまた生きながらえることを欲して、それを作るに与って原因であったものが蘇りまた生きながらえることは決して欲しないと考えられ得るであろうか。もしまた我々自身が過去のものを蘇らせ、生きながらえさせるのであるとすれば、かような力をもている我々にとって作られたものよりも作るものを蘇らせ、生きながらえさせることが一層容易でないということが考えられ得るであろうか。

私はいま人間の不死を立証しようとも、或いはまた否定しようともするのではない。私のいおうと欲するのは、死者の生命を考えることは生者の生命を考えることよりも論理的に一層困難であることはあり得ないということである。死は観念である。それだから観念の力に頼って人生を生きようとするものは死の思想を掴むことから出発するのがつねである。すべての宗教がそうである。

伝統の問題は死者の生命の問題である。それは生きている者の生長の問題ではない。通俗の伝統主義の誤謬——この誤謬はしかしシェリングやヘーゲルの如きドイツの最大の哲学者でさえもが共にしているは、すべてのものは過去から次第に生長してきたと考えることによって伝統主義を考えようとするところにある。かような根本において自然哲学的な見方からは絶対的な真理であろうとする伝統主義の意味は理解されることができぬ。伝統の意味が自分自身で自分自身の中から生成するもののうちに求められる限り、それは相対的なものに過ぎない。絶対的な伝統主義は、生けるものの生長の論理でなくて死せるものの生命の論理を基礎とするのである。過去は死に切ったものであり、それはすでに死であるという意味において、現在に生きているものにとって絶対的なものである。半ば生き半ば死んでいるかのように普通に漠然と表象されている過去は、生きている現在にとって絶対的なものであり得ない。過去は何よりもまず死せるものとして絶対的なものである。この絶対的なものは、ただ絶対的な死であるか、それとも絶対的な生命であるか。死せるものは今生きているもののように生長することもなければ老衰することもない。そこで死者の生命が信ぜられるならば、それは絶対的な生命でなければならぬ。この絶対的な生命は真理にほかならない。従って言い換えると、過去は真理であるか、それとも無であるか。伝統主義はまさにこの二者択一に対する我々の決意を要求しているのである。それは我々の中へ自然的に流れ込み、自然的に我々の生命の一部分になっていると考えられるような過去を問題にしているのではない。

かような伝統主義はいわゆる歴史主義とは厳密に区別されねばならぬ。歴史主義は進化主義と同様近代主義の一つであり、それ自身進化主義になることができる。かような伝統主義はキリスト教、特にその原罪説を背景にして考えると、容易に理解することができるわけであるが、もしそのような原罪の観念が存しないか或いは失われたとすれば如何であろう。すでにペトラルカの如きルネサンスのヒューマニストは原罪を原罪としてでなくむしろ病気として体験した。ニーチェはもちろん、ジッドの如き今日のヒューマニストにおいて見出されるのも、同様の意味における病気の体験である。病気の体験が原罪の体験に代つたところに近代主義の始と終がある。ヒューマニズムは罪の観念でなくて病気の観念から出発するのであろうか。罪と病気との差異はどこにあるのであろうか。罪は死であり、病気はなお生であるのか。死は観念であり、病気は経験であるのか。ともかく病気の観念から伝統主義を導き出すことは不可能である。それでは罪の観念の存しないといわれる東洋思想において、伝統主義というものは、そしてまたヒューマニズムというものは、如何なるものであろうか。問題は死の見方に関わっている。

# 幸福について

今日の人間は幸福についてほとんど考えないようである。試みに近年現われた倫理学書、とりわけ我が国で書かれた倫理の本を開いて見たまえ。只の一個所も幸福の問題を取扱っていない書物を発見することは諸君にとって甚だ容易であろう。かような書物を倫理の本と信じてよいのかどうか、その著者を倫理学者と認めるべきであるのかどうか、私にはわからない。疑いなく確かなことは、過去のすべての時代においてつねに幸福が倫理の中心問題であったということである。ギリシアの古典的な倫理学がそうであったし、ストアの厳粛主義の如きも幸福のために節欲を説いたのであり、キリスト教においても、アウグスティヌスやパスカルなどは、人間はどこまでも幸福を求めるという事実を根本として彼等の宗教論や倫理学を出立したのである。幸福について考えないことは今日の人間の特徴である。現代における倫理の混乱は種々に論じられているが、倫理の本から幸福論が喪失したということはこの混乱を代表する事実である。新たに幸福論が設定されるまでは倫理の混乱は救われないであろう。

幸福について考えることはすでに一つの、恐らく最大の、不幸の兆しであるといわれるかも知れない。健全な胃をもっている者が胃の存在を感じないように、幸福である者は幸福について考えないといわれるであろう。しかしながら今日の人間は果して幸福であるために幸福について考えないのであるか。むしろ我々の時代は人々に幸福について考える気力をさえ失わせてしまったほど不幸なのではあるまいか。幸福を語ることがすでに何か不道徳なことであるかのように感じられるほど今の世の中は不幸に充ちているのではあるまいか。しかしながら幸福を知らない者に不幸の何であるかが理解されるであろうか。今日の人間もあらゆる場合にいわば本能的に幸福を求めているに相違ない。しかも今日の人間は自意識の過剰に苦しむともいわれている。その極めて自意識的な人間が幸福についてはほとんど考えないのである。これが現代の精神的状況の性格であり、これが現代人の不幸を特徴付けている。

良心の義務と幸福の要求とを対立的に考えるのは近代的リゴリズムである。これに反して私は考える。今日の良心とは幸福の要求である、と。社会、階級、人類、等々、あらゆるものの名において人間的な幸福の要求が抹殺されようとしている場合、幸福の要求ほど良心的なものがあるであろうか。幸福の要求と結び付かない限り、今日倫理の概念として絶えず流用されている社会、階級、人類、等々も、何等倫理的な意味を有し得ないであろう。或いは倫理の問題が幸福の問題から分離されると共に、あらゆる任意のものを倫理の概念として流用することが可能になったのである。幸福の要求が今日の良心として復権されねばならぬ。ひとがヒューマニストであるかどうかは、主としてこの点にかかっている。

幸福の問題が倫理の問題から抹殺されるに従って多くの倫理的空語を生じた。例えば、倫理的ということと主体的ということとが一緒に語られるのは正しい。けれども主体的ということも今日では幸福の要求から抽象されることによって一つの倫理的空語となっている。そこでまた現代の倫理学から抹殺されようとしているのは動機論であり、主体的という語の流行と共に倫理学は却って客観論に陥るに至った。幸福の要求がすべての行為の動機であるということは、以前の倫理学の共通の出発点であった。現代の哲学はかような考え方を心理主義と名付けて排斥することを学んだのであるが、そのとき他方において現代人の心理の無秩序が始まったのである。この無秩序は、自分の行為の動機が幸福の要求であるのかどうかがわからなくなったときに始まった。そしてそれと同時に心理のリアリティが疑わしくなり、人間解釈についてあらゆる種類の観念主義が生じた。心理のリアリティは心理のうちに秩序が存在する場合にあかしされる。幸福の要求はその秩序の基底であり、心理のリアリティは幸福の要求の事実のうちに与えられている。幸福論を抹殺した倫理は、一見いかに論理的であるにしても、その内実において虚無主義にほかならぬ。

以前の心理学は心理批評の学であった。それは芸術批評などという批評の意味における心理批評を目的としていた。人間精神のもろもろの活動、もろもろの側面を評価することによってこれを秩序付けるというのが心理学の仕事であった。この仕事において哲学者は文学者と同じであった。かような価値批評としての心理学が自然科学的方法に基く心理学によって破壊されてしまう危険の生じたとき、これに反抗して現れたのが人間学というものである。しかるにこの人間学も今日では最初の動機から逸脱して人間心理の批評という固有の意味を放棄し、あらゆる任意のものが人間学と称せられるようになっている。哲学における芸術家的なものが失はれてしまひ、心理批評の仕事はただ文学者にのみ委ねられるようになった。そこに心理学をもたないことが一般的になった今日の哲学の抽象性がある。その際見逃してならぬことは、この現代哲学の一つの特徴が幸福論の抹殺と関係しているということである。

幸福を単に感性的なものと考えることは間違っている。むしろ主知主義が倫理上の幸福説と結び付くのがつねであることを思想の歴史は示している。幸福の問題は主知主義にとって最大の支柱であるとさえいうことができる。もし幸福論を抹殺してかかるなら、主知主義を扼殺することは容易である。実際、今日の反主知主義の思想のほとんどすべてはこのように幸福論を抹殺することから出発しているのである。そこに今日の反主知主義の秘密がある。

幸福は徳に反するものでなく、むしろ幸福そのものが徳である。もちろん、他人の幸福について考えねばならぬというのは正しい。しかし我々は我々の愛する者に対して、自分が幸福であることよりなお以上の善いことを為し得るであろうか。

愛するもののために死んだ故に彼等は幸福であったのでなく、反対に、彼等は幸福であった故に愛するもののために死ぬる力を有したのである。日常の小さな仕事から、喜んで自分を犠牲にするというに至るまで、あらゆる事柄において、幸福は力である。徳が力であるということは幸福の何よりもよく示すところである。

死は観念である、と私は書いた。これに対して生は何であるか。生とは想像である、と私はいおうと思う。いかに生の現実性を主張する者も、ひるがえってこれを死と比較するとき、生がいかに想像的なものであるかを理解するであろう。想像的なものは非現実的であるのでなく、かえって現実的なものは想像的なものであるのである。現実は私のいう構想力（想像力）の論理に従っている。人生は夢であるということを誰が感じなかったであろうか。それは単なる比喩ではない、それは実感である。この実感の根拠が明らかにされねばならぬ、言い換えると、夢或いは空想的なものの現実性が示されなければならない。その証明を与えるものは構想力の形成作用である。生が想像的なものであるという意味において幸福も想像的なものであるということができる。

人間を一般的なものとして理解するには、死から理解することが必要である。死はもとより全く具体的なものである。しかしこの全く具体的な死はそれにもかかわらず一般的なものである。「ひとは唯ひとり死ぬるであろう」、とパスカルはいった。各人がみな別々に死んでゆく、けれどもその死はそれにもかかわらず死として一般的なものである。人祖アダムという思想はここに根拠をもっている。死の有するこの不思議な一般性こそ我々を困惑させるものである。死はその一般性において人間を分離する。ひとびとは唯ひとり死ぬる故に孤独であるのではなく、死が一般的なものである故にひとびとは死に会って孤独であるのである。私が生き残り、汝が唯ひとり死んでゆくとしても、もし汝の死が一般的なものでないならば、私は汝の死において孤独を感じないであろう。

しかるに生はつねに特殊的なものである。一般的な死が分離するに反して、特殊的な生は結合する。死は一般的なものという意味において観念と考えられるに対して、生は特殊的なものという意味において想像と考えられる。我々の想像力は特殊的なものにおいてのほか楽しまない。（芸術家は本性上多神論者である)。もとより人間は単に特殊的なものでなく同時に一般的なものである。しかし生の有する一般性は死の有する一般性とは異なっている。死の一般性が観念の有する一般性に類するとすれば、生の一般性は想像力に関わるところのタイプの一般性と同様のものである。個性とは別にタイプがあるのでなく、タイプは個性である。死そのものにはタイプがない。死のタイプを考えるのは死をなお生から考えるからである。個性は多様の統一であるが、相矛盾する多様なものを統一して一つの形に形成するものが構想力にほかならない。感性からも知性からも考えられない個性は構想力から考えられねばならぬ。生と同じく幸福が想像であるということは、個性が幸福であることを意味している。

自然はその発展の段階を昇るに従って益々多くの個性に分化する。そのことは闇から光を求めて創造する自然の根源的な欲求が如何なるものであるかを語っている。

人格は地の子らの最高の幸福であるというゲーテの言葉ほど、幸福についての完全な定義はない。幸福になるということは人格になるということである。

幸福は肉体的快楽にあるか精神的快楽にあるか、活動にあるか存在にあるかというが如き問は、我々をただ紛糾に引き入れるだけである。かような問に対しては、そのいずれでもあると答へるのほかないであろう。なぜなら、人格は肉体であると共に精神であり、活動であると共に存在であるから。そしてかかることは人格というものが形成されるものであることを意味している。

今日ひとが幸福について考えないのは、人格の分解の時代と呼ばれる現代の特徴に相応している。そしてこの事実は逆に幸福が人格であるという命題をいわば世界史的規模において証明するものである。

幸福は人格である。ひとが外套を脱ぎすてるようにいつでも気楽にほかの幸福は脱ぎすてることのできる者が最も幸福な人である。しかし真の幸福は、彼はこれを捨て去らないし、捨て去ることもできない。彼の幸福は彼の生命と同じように彼自身と一つのものである。この幸福をもって彼はあらゆる困難と闘うのである。幸福を武器として闘う者のみが斃れてもなお幸福である。

機嫌がよいこと、丁寧なこと、親切なこと、寛大なこと、等々、幸福はつねに外に現れる。歌わぬ詩人というものは真の詩人でない如く、単に内面的であるというような幸福は真の幸福ではないであろう。幸福は表現的なものである。鳥の歌うが如くおのずから外に現れて他の人を幸福にするものが真の幸福である。

# 懐疑について

懐疑の意味を正確に判断することは容易でないように見える。ある場合には懐疑は神秘化され、それから一つの宗教が生ずるまでに至っている。あらゆる神秘を拂ひのけることが懐疑の仕事であるであろうに。反対に他の場合にはいかなる懐疑も懐疑であるという理由で容赦なく不道徳として貶（へん）せられている。懐疑は知性の一つの徳であり得るであろうに。前の場合、懐疑そのものが一つの独断となる。後の場合、懐疑を頭から敲きつけようとするのもやはり独断である。

いずれにしても確かなことは、懐疑が特に人間的なものであるということである。神には懐疑はないであろう、また動物にも懐疑はないであろう。懐疑は天使でもなく獣でもない人間に固有なものである。人間は知性によって動物にまさるといわれるならば、それは懐疑によって特色付けられることができるであろう。実際、多少とも懐疑的でないような知性人があるであろうか。そして独断家はある場合には天使の如く見え、ある場合には獣の如く見えないであろうか。

人間的な知性の自由はさしあたり懐疑のうちにある。自由人といわれる者で懐疑的でなかったような人を私は知らない。あの honnê homme（真人間）といわれた者にはみな懐疑的なところがあったし、そしてそれは自由人を意味したのである。しかるに哲学者が自由の概念をどのように規定するにしても、現実の人間的な自由は節度のうちにある。古典的なヒューマニズムにおいて最も重要な徳であったこの節度というものは現代の思想においては稀になっている。懐疑が知性の徳であるためには節度がなければならぬ。一般に思想家の節度というものが問題である。モンテーニュの最大の智恵は懐疑において節度があるということであった。また実に、節度を知らないような懐疑は真の懐疑ではないであろう。度を越えた懐疑は純粋に懐疑に止まっているのでなく、一つの哲学説としての懐疑論になっているか、それとも懐疑の神秘化、宗教化に陥っているのである。そのいずれももはや懐疑ではなく、一つの独断である。

懐疑は知性の徳として人間精神を浄化する。ちやうど泣くことが生理的に我々の感情を浄化するように。しかし懐疑そのものは泣くことに類するよりも笑うことに類するであろう。笑は動物にはない人間的な表情であるとすれば、懐疑と笑との間に類似が存在するのは自然である。笑も我々の感情を浄化することができる。懐疑家の表情は渋面ばかりではない。知性に固有な快活さを有しない懐疑は真の懐疑ではないであろう。

真の懐疑家はソフィストではなくてソクラテスであった。ソクラテスは懐疑が無限の探求にほかならぬことを示した。その彼はまた真の悲劇家は真の喜劇家であることを示したのである。

従来の哲学のうち永続的な生命を有するもので何等か懐疑的なところを含まないものがあるであろうか。唯一つの偉大な例外はヘーゲルである。そのヘーゲルの哲学は、歴史の示すように、一時は熱狂的な信奉者を作るが、やがて全く顧みられなくなるという特質をそなえている。この事実のうちに恐らくヘーゲルの哲学の秘密がある。

論理学者は論理の根底に直観があるという。ひとは無限に証明してゆくことができぬ、あらゆる論証はもはやそれ自身は論証することのできぬもの、直観的に確実なものを前提し、それから出立して推論するといわれる。しかし論理の根底にある直観的なものがつねに確実なものであるという証明は存在するであろうか。もしそれがつねに確実なものであるとすれば、何故にひとはその直観に止まらないで、なお論理を必要とするであろうか。確実なものの直観があるばかりでなく、不確実なものの直観があるように思われる。直観をつねに疑うのは愚かなことであり、直観をつねに信じるのも至らぬことである。そして普通にいわれるのとは逆に、感性的な直観がそれ自身の種類において確実なものの直観であるのに対して、知性的な直観の特徴はむしろ不確実なものの直観に存するようにさえ思われる。確実なものの直観は——感性的なものであるにせよ、超感性的なものであるにせよ、——それ自体においては論理の証明を要しないのに反して、不確実なものの直観——懐疑的直観もしくは直観的懐疑——こそ論理を必要とするもの、論理を動かすものである。論理によって懐疑が出てくるのでなく、懐疑から論理が求められてくるのである。かように論理を求めるところに知性の矜持があり、自己尊重がある。いわゆる論理家は公式主義者であり、独断家の一つの種類に過ぎない。

不確実なものが確実なものの基礎である。哲学者は自己のうちに懐疑が生きている限り哲学し、物を書く。もとより彼は不確実なもののために働くのではない。——「ひとは不確実なもののために働く」、とパスカルは書いている。けれども正確にいうと、ひとは不確実なもののために働くのでなく、むしろ不確実なものから働くのである。人生がただ動くことでなくて作ることであり、単なる存在でなくて形成作用であり、またそうでなければならぬ所以である。そしてひとは不確実なものから働くというところから、あらゆる形成作用の根底に賭があるといはれ得る。

独断に対する懐疑の力と無力とは、情念に対する知性の力と無力とである。独断は、それが一つの賭である場合にのみ、知性的であり得る。情念はつねにただ単に肯定的であり、独断の多くは情念に基いている。

多くの懐疑家は外見に現れるほど懐疑家ではない。また多くの独断家は外見に現れるほど独断家ではない。

ひとは時として他に対する虚栄から懐疑的になるが、更により多く他に対する虚栄のために独断的になる。そしてそれは他面、人間において政治的欲望即ち他に対する支配の欲望が普遍的であることを示すと共に、彼においてまた教育的欲望が普遍的であることを示している。政治にとっては独断も必要であろう。けれども教育にとって同様に独断が必要であるかどうかは疑問である。ただ、政治的欲望を含まないような教育的欲望が稀であることは確かである。

いかなる人も他を信じさせることができるほど己を信じさせることができない。他人を信仰に導く宗教家は必ずしも絶対に懐疑のない人間ではない。彼が他の人に滲透する力はむしろその一半を彼のうちになお生きている懐疑に負うている。少くとも、そうでないような宗教家は思想家とはいわれないであろう。

自分では疑いながら発表した意見が他人によって自分の疑っていないもののように信じられる場合がある。そのような場合には遂に自分でもその意見を信じるようになるものである。信仰の根源は他者にある。それは宗教の場合でもそうであって、宗教家は自分の信仰の根源は神にあるといっている。

懐疑というものは散文でしか表はすことのできないものである。そのことは懐疑の性質を示すと共に、逆に散文の固有の面白さ、またその難かしさがどこにあるかを示している。

真の懐疑家は論理を追求する。しかるに独断家は全く論証しないか、ただ形式的に論証するのみである。独断家は甚だしばしば敗北主義者、知性の敗北主義者である。彼は外見に現れるほど決して強くはない、彼は他人に対しても自己に対しても強がらねばならぬ必要を感じるほど弱いのである。

ひとは敗北主義から独断家になる。またひとは絶望から独断家になる。絶望と懐疑とは同じでない。ただ知性の加わる場合にのみ絶望は懐疑に変わり得るのであるが、これは想像されるように容易なことではない。

純粋に懐疑に止まることは困難である。ひとが懐疑し始めるや否や、情念が彼を捕えるために待っている。だから真の懐疑は青春のものでなく、むしろ既に精神の成熟を示すものである。青春の懐疑は絶えず感傷に伴われ、感傷に変わってゆく。

懐疑には節度がなければならず、節度のある懐疑のみが真に懐疑の名に価するということは、懐疑が方法であることを意味している。懐疑が方法であることはデカルトによって確認された真理である。デカルトの懐疑は一見考えられるように極端なものでなく、つねに注意深く節度を守っている。この点においても彼はヒューマニストであった。彼が方法叙説第三部における道徳論を暫定的な或いは一時しのぎのものと称したことは極めて特徴的である。

方法についての熟達は教養のうち最も重要なものであるが、懐疑において節度があるということよりも決定的な教養のしるしを私は知らない。しかるに世の中にはもはや懐疑する力を失ってしまった教養人、或いはいちど懐疑的になるともはや何等方法的に考えることのできぬ教養人が多いのである。いずれもディレッタンティズムの落ちてゆく教養のデカダンスである。

懐疑が方法であることを理解した者であって初めて独断もまた方法であることを理解し得る。前のことをまず理解しないで、後のことをのみ主張する者があるとしたら、彼は未だ方法の何物であるかを理解しないものである。

懐疑は一つの所に止まるというのは間違っている。精神の習慣性を破るものが懐疑である。精神が習慣的になるということは精神のうちに自然が流れ込んでいることを意味している。懐疑は精神のオートマティズムを破るものとして既に自然に対する知性の勝利を現はしている。不確実なものが根源であり、確実なものは目的である。すべて確実なものは形成されたものであり、結果であって、端初としての原理は不確実なものである。懐疑は根源への関係付けであり、独断は目的への関係付けである。理論家が懐疑的であるのに対して実践家は独断的であり、動機論者が懐疑家であるのに対して結果論者は独断家であるというのがつねであることは、これに依るのである。しかし独断も懐疑も共に方法であるべきことを理解しなければならぬ。

肯定が否定においてあるように、物質が精神においてあるように、独断は懐疑においてある。

すべての懐疑にもかかわらず人生は確実なものである。なぜなら、人生は形成作用である故に、単に在るものでなく、作られるものである故に。

# 習慣について

人生においてある意味では習慣がすべてである。というのはつまり、あらゆる生命あるものは形をもっている、生命とは形であるということができる、しかるに習慣はそれによって行為に形が出来てくるものである。もちろん習慣は単に空間的な形ではない。単に空間的な形は死んだものである。習慣はこれに反して生きた形であり、かようなものとして単に空間的なものでなく、空間的であると同時に時間的、時間的であると同時に空間的なもの、即ち弁証法的な形である。時間的に動いてゆくものが同時に空間的に止まっているというところに生命的な形が出来てくる。習慣は機械的なものでなくてどこまでも生命的なものである。それは形を作るという生命に内的な本質的な作用に属している。

普通に習慣は同じ行為を反覆することによって生ずると考えられている。けれども厳密にいうと、人間の行為において全く同一のものはないであろう。個々の行為にはつねに偶然的なところがある。我々の行為は偶然的な、自由なものである故に習慣も作られるのである。習慣は同じことの反覆の物理的な結果ではない。確定的なものは不確定なものから出てくる。個々の行為が偶然的であるから習慣も出来るのであって、習慣は多数の偶然的な行為のいわば統計的な規則性である。自然の法則も統計的な性質のものである限り、習慣は自然であるということができる。習慣が自然と考えられるように、自然も習慣である。ただ、習慣という場合、自然は具体的に形として見られなければならぬ。

模倣と習慣とはある意味において相反するものであり、ある意味において一つのものである。模倣は特に外部のもの、新しいものの模倣として流行の原因であるといわれる。流行に対して習慣は伝統的なものであり、習慣を破るものは流行である。流行よりも容易に習慣を破り得るものはないであろう。しかし習慣もそれ自身一つの模倣である。それは内部のもの、舊いものの模倣である。習慣において自己は自己を模倣する。自己が自己を模倣するところから習慣が作られてくる。流行が横の模倣であるとすれば、習慣は縦の模倣である。ともかく習慣もすでに模倣である以上、習慣においても我々の一つの行為は他の行為に対して外部にあるものの如く独立でなければならぬ。習慣を単に連続的なものと考えることは誤である。

非連続的なものが同時に連続的であり、連続的なものが同時に非連続的であるところに習慣は生ずる。つまり習慣は生命の法則を現はしている。

習慣と同じく流行も生命の一つの形式である。生命は形成作用であり、模倣は形成作用にとって一つの根本的な方法である。生命が形成作用（ビルドゥング）であるということは、それが教育（ビルドゥング）であることを意味している。教育に対する模倣の意義については古来しばしば語られている。その際、習慣が一つの模倣であることを考えると共に、流行がまた模倣としていかに大きな教育的価値をもっているかについて考えることが大切である。

流行が環境から規定されるように、習慣も環境から規定されている。習慣は主体の環境に対する作業的適応として生ずる。ただ、流行においては主体は環境に対してより多く受動的であるのに反して、習慣においてはより多く能動的である。習慣のこの力は形の力である。しかし流行が習慣を破り得るということは、その習慣の形が主体と環境との関係から生じた弁証法的なものであるためである。流行のこの力は、それが習慣と相反する方向のものであるということに基いている。流行は最大の適応力を有するといわれる人間に特徴的である。習慣が自然的なものであるのに対して、流行は知性的なものであるとさえ考えることができるであろう。

習慣は自己による自己の模倣として自己の自己に対する適応であると同時に、自己の環境に対する適応である。流行は環境の模倣として自己の環境に対する適応から生ずるものであるが、流行にも自己が自己を模倣するというところがあるであろう。我々が流行に従うのは、何か自己に媚びるものがあるからである。ただ、流行が形としては不安定であり、流行には形がないともいわれるのに対して、習慣は形として安定している。しかるに習慣が形として安定しているということは、習慣が技術であることを意味している。その形は技術的に出来てくるものである。ところが流行にはかような技術的な能動性が欠けている。

一つの情念を支配し得るのは理性でなくて他の情念であるといわれる。しかし実をいうと、習慣こそ情念を支配し得るものである。一つの情念を支配し得るのは理性でなくて他の情念であるといわれるような、その情念の力はどこにあるのであるか。それは単に情念のうちにあるのでなく、むしろ情念が習慣になっているところにある。私が恐れるのは彼の憎しみではなくて、私に対する彼の憎しみが習慣になっているということである。習慣に形作られるのでなければ情念も力がない。一つの習慣は他の習慣を作ることによって破られる。習慣を支配し得るのは理性でなくて他の習慣である。言い換えると、一つの形を真に克服し得るものは他の形である。流行も習慣になるまでは不安定な力に過ぎない。情念はそれ自身としては形の具はらぬものであり、習慣に対する情念の無力もそこにある。一つの情念が他の情念を支配し得るのも、知性が加わることによって作られる秩序の力に基いている。情念は形の具はらぬものとして自然的なものと考えられる。情念に対する形の支配は自然に対する精神の支配である。習慣も形として単なる自然でなく、すでに精神である。

形を単に空間的な形としてしか、従って物質的な形としてしか表象し得ないというのは近代の機械的な悟性のことである。むしろ精神こそ形である。ギリシアの古典的哲学は物質は無限定な質料であって精神は形相であると考えた。現代の生の哲学は逆に精神的生命そのものを無限定な流動の如く考えている。この点において生の哲学も形に関する近代の機械的な考え方に影響されている。しかし精神を形相と考えたギリシア哲学は形相をなお空間的に表象した。東洋の伝統的文化は習慣の文化であるということができる。習慣が自然であるように、東洋文化の根底にあるのはある自然である。また習慣が単なる自然でなく文化であるように、東洋的自然は同時に文化の意味をもっている。文化主義的な西洋において形が空間的に表象されたのに対して、自然主義的な東洋の文化はかえって精神の真に精神的な形を追究した。しかしすでに形という以上、それは純粋な精神であることができるか。習慣が自然と見られるように、精神の形といっても同時に自然の意味がなければならぬ。習慣は単なる精神でも単なる身体でもない具体的な生命の内的な法則である。習慣は純粋に精神的といわれる活動のうちにも見出される自然的なものである。

思惟の範疇というものをヒュームが習慣から説明したのは、現代の認識論の批評するように、それほど笑うべきことであるかどうか、私は知らない。範疇の単に論理的な意味でなくてその存在論的な意味を考えようとする場合、それを習慣から説明するよりも一層適切に説明する仕方があるかどうか、私は知らない。ただその際、習慣を単なる経験から生ずるもののように考える機械的な見方を排することが必要である。経験論は機械論であることによって間違っている。経験の反覆ということは習慣の本質の説明にとってつねに不十分である。石はたとえ百萬遍同じ方向に同じ速度で投げられたにしてもそのために習慣を得ることがない、習慣は生命の内的な傾向に属している。経験論に反対する先験論は普通に、経験を習慣の影響の全くない感覚と同一視している。感覚を喚び起す作用のうちに現れる習慣から影響されないような知識の「内容」というものが存在するであろうか。習慣は思惟のうちにも作用する。

社会的習慣としての慣習が道徳であり、権威をもっているのは、単にそれが社会的なものであるということに依るのではなく、かえってそれが表現的なものとして形であることに基くのである。如何なる形もつねに超越的な意味をもっている。形を作るという生命に本質的な作用は生命に内在する超越的傾向を示している。しかし形を作ることは同時に生命が自己を否定することである。生命は形によって生き、形において死ぬる。生命は習慣によって生き、習慣において死ぬる。死は習慣の極限である。

習慣を自由になし得る者は人生において多くのことを為し得る。習慣は技術的なものである故に自由にすることができる。もとよりたいていの習慣は無意識的な技術であるが、これを意識的に技術的に自由にするところに道徳がある。修養というものはかような技術である。もし習慣がただ自然であるならば、習慣が道徳であるとはいひ得ないであろう。すべての道徳には技術的なものがあるということを理解することが大切である。習慣は我々に最も手近かなもの、我々の力のうちにある手段である。

習慣が技術であるように、すべての技術は習慣的になることによって真に技術であることができる。どのような天才も習慣によるのでなければ何事も成就し得ない。

従来修養といわれるものは道具時代の社会における道徳的形成の方法である。この時代の社会は有機的で、限定されたものであった。しかるに今日では道具時代から機械時代に変わり、我々の生活の環境も全く違ったものになっている。そのために道徳においても修養というものだけでは不十分になった。道具の技術に比して機械の技術は習慣に依存することが少く、知識に依存することが多いように、今日では道徳においても知識が特に重要になっているのである。しかしまた道徳は有機的な身体を離れ得るものでなく、そして知性のうちにも習慣が働くということに注意しなければならぬ。

デカダンスは情念の不定な過剰であるのではない。デカダンスは情念の特殊な習慣である。人間の行為が技術的であるところにデカダンスの根源がある。情念が習慣的になり、技術的になるところからデカダンスが生ずる。自然的な情念の爆発はむしろ習慣を破るものであり、デカダンスとは反対のものである。すべての習慣には何等かデカダンスの臭が感じられないであろうか。習慣によって我々が死ぬるというのは、習慣がデカダンスになるためであって、習慣が静止であるためではない。

習慣によって我々は自由になると共に習慣によって我々は束縛される。しかし習慣において恐るべきものは、それが我々を束縛することであるよりも、習慣のうちにデカダンスが含まれることである。

あのモラリストたちは世の中にいかに多くの奇怪な習慣が存在するかについてつねに語っている。そのことはいかに習慣がデカダンスに陥り易いかを示すものである。多くの奇怪な芸術が存在するように多くの奇怪な習慣が存在する。しかるにそのことはまた習慣が芸術と同様、構想力に属することを示すであろう。

習慣に対して流行はより知性的であるということができる。流行には同じようなデカダンスがないであろう。そこに流行の生命的価値がある。しかしながら流行そのものがデカダンスになる場合、それは最も恐るべきものである。流行は不安定で、それを支える形というものがないから。流行は直接に虚無につらなる故に、そのデカダンスには底がない。

# 虚栄について

Vanitati creatura subjecta est etiam nolens. ——「造られたるものの虚無に服せしは、己が願によるにあらず、服せしめ給ひし者によるなり。」ロマ書第八章廿節。

　虚栄は人間的自然における最も普遍的な且つ最も固有な性質である。虚栄は人間の存在そのものである。人間は虚栄によって生きている。虚栄はあらゆる人間的なもののうち最も人間的なものである。

虚栄によって生きる人間の生活は実体のないものである。言い換えると、人間の生活はフィクショナルなものである。それは芸術的意味においてもそうである。というのは、つまり人生はフィクション（小説）である。だからどのような人でも一つだけは小説を書くことができる。普通の人間と芸術家との差異は、ただ一つしか小説を書くことができないか、それとも種々の小説を書くことができるかという点にあるといい得るであろう。

人生がフィクションであるということは、それが何等の実在性を有しないということではない。ただその実在性は物的実在性と同じでなく、むしろ小説の実在性とほぼ同じものである。即ち実体のないものが如何にして実在的であり得るかということが人生においても、小説においてと同様、根本問題である。

人生はフィクショナルなものとして元来ただ可能的なものである。その現実性は我々の生活そのものによって初めて証明されねばならぬ。

いかなる作家が神や動物についてフィクションを書こうとしたであろうか。神や動物は、人間のパッションが彼等のうちに移入された限りにおいてのみ、フィクションの対象となることができたのである。ひとり人間の生活のみがフィクショナルなものである。人間は小説的動物であると定義することができるであろう。

自然は芸術を模倣するというのはよく知られた言葉である。けれども芸術を模倣するのは固有な意味においては自然のうち人間のみである。人間が小説を模倣しまた模倣し得るのは、人間が本性上小説的なものであるからでなければならぬ。人間は人間的になり始める否や、自己と自己の生活を小説化し始める。

すべての人間的といわれるパッションはヴァニティから生れる。人間のあらゆるパッションは人間的であるが、仮に人間に動物的なパッションがあるとしても、それが直ちにヴァニティにとらえられ得るところに人間的なものが認められる。

ヴァニティはいわばその実体に従って考えると虚無である。ひとびとが虚栄といっているものはいわばその現象に過ぎない。人間的なすべてのパッションは虚無から生れ、その現象において虚栄的である。人生の実在性を証明しようとする者は虚無の実在性を証明しなければならぬ。あらゆる人間的創造はかようにして虚無の実在性を証明するためのものである。

「虚栄をあまり全部自分のうちにたくわえ、そしてそれに酷使されることにならないように、それに対して割れ目を開いておくのが宜い。いわば毎日の排水が必要なのである。」かようにいったジューベールは常識家であった。しかしこの常識には賢明な処世法が示されている。虚栄によって滅亡しないために、人間はその日々の生活において、あらゆる小事について、虚栄的であることが必要である。

この点において英雄は例外である。英雄はその最後によって、つまり滅亡によって自己を証明する。喜劇の主人公には英雄がない、英雄はただ悲劇の主人公であることができる。

人間は虚栄によって生きるということこそ、彼の生活にとって知恵が必要であることを示すものである。人生の知恵はすべて虚無に到らなければならぬ。

紙幣はフィクショナルなものである。しかしまた金貨もフィクショナルなものである。けれども紙幣と金貨との間には差別が考えられる。世の中には不換紙幣というものもあるのである。すべてが虚栄である人生において智恵と呼ばれるものは金貨と紙幣とを、特に不換紙幣とを区別する判断力である。尤も金貨もそれ自身フィクショナルなものではない。

しかし人間が虚栄的であるということはすでに人間のより高い性質を示している。虚栄心というのは自分があるよりも以上のものであることを示そうとする人間的なパッションである。それは仮装に過ぎないかも知れない。けれども一生仮装し通した者において、その人の本性と仮性とを区別することは不可能に近いであろう。道徳もまたフィクションではないか。それは不換紙幣に対する金貨ほどの意味をもっている。

人間が虚栄的であるということは人間が社会的であることを示している。つまり社会もフィクションの上に成立している。従って社会においては信用がすべてである。あらゆるフィクションが虚栄であるというのではないフィクションによって生活する人間が虚栄的であり得るのである。

文明の進歩というのは人間の生活がより多くフィクションの上に築かれることであるとすれば、文明の進歩と共に虚栄は日常茶飯事となる。そして英雄的な悲劇もまた少くなる。

フィクションであるものを自然的と思われるものにするのは習慣の力である。むしろ習慣的になることによってフィクションは初めてフィクションの意味を有するに至るのである。かくしてただ単に虚栄であるものは未だフィクションとはいわれない。それ故にフィクションは虚栄であるにしても、すでにフィクションとして妥当する以上、単なる虚栄であることからより高い人間的なものとなっている。習慣はすでにかようなより高い人間性を現はしている。習慣は単に自然的なものでなく、すでに知性的なものの一つの形である。

すべての人間の悪は孤独であることができないところから生ずる。

いかにして虚栄をなくすることができるか。虚無に帰することによって。それとも虚無の実在性を証明することによって。言い換えると、創造によって。創造的な生活のみが虚栄を知らない。創造というのはフィクションを作ることである、フィクションの実在性を証明することである。

虚栄は最も多くの場合消費と結び付いている。

人に気に入らんがために、或いは他の者に対して自分を快きものにせんがために虚栄的であることは、ジューベールのいった如く、すでに「半分の徳」である。すべての虚栄はこの半分の徳のために許されている。虚栄を排することはそれ自身ひとつの虚栄であり得るのみでなく、心のやさしさの敵である傲慢に堕していることがしばしばである。

その理想国から芸術家を追放しようとしたプラトンには一つの知恵がある。しかし自己の生活について真の芸術家であるということは、人間の立場において虚栄を駆逐するための最高のものである。

虚栄は生活において創造から区別されるディレッタンティズムである。虚栄を芸術におけるディレッタンティズムに比して考える者は、虚栄の適切な処理法を発見し得るであろう。

# 名誉心について

名誉心と虚栄心とほど混同され易いものはない。しかも両者ほど区別の必要なものはない。この二つのものを区別することが人生についての智恵の少くとも半分であるとさえいうことができるであろう。名誉心が虚栄心と誤解されることは甚だ多い、しかしまた名誉心は極めて容易に虚栄心に変ずるものである。個々の場合について両者を区別するには良い眼をもたねばならぬ。

人生に対してどんなに厳格な人間も名誉心を放棄しないであろう。ストイックというのはむしろ名誉心と虚栄心とを区別して、後者に誘惑されない者のことである。その区別ができない場合、ストイックといっても一つの虚栄に過ぎぬ。

虚栄心はまず社会を対象としている。しかるに名誉心はまず自己を対象とする。虚栄心が対世間的であるのに反して、名誉心は自己の品位についての自覚である。

すべてのストイックは本質的に個人主義者である。彼のストイシズムが自己の品位についての自覚にもとづく場合、彼は善き意味における個人主義者であり、そしてそれが虚栄の一種である場合、彼は悪しき意味における個人主義者に過ぎぬ。ストイシズムの価値も限界も、それが本質的に個人主義であるところにある。ストイシズムは自己のものである諸情念を自己とは関わりのない自然物の如く見ることによって制御するのであるが、それによって同時に自己或いは人格という抽象的なものを確立した。この抽象的なものに対する情熱がその道徳の本質をなしている。

名誉心と個人意識とは不可分である。ただ人間だけが名誉心をもっているといわれるのも、人間においては動物においてよりも遙かに多く個性が分化していることに関係するであろう。名誉心は個人意識にとっていわば構成的である。個人であろうとすること、それが人間の最深の、また最高の名誉心である。

名誉心も、虚栄心と同様、社会に向かっているといわれるであろう。しかしそれにしても、虚栄心においては相手は「世間」というもの、詳しくいうと、甲でもなく乙でもないと同時に甲でもあり乙でもあるところの「ひと」、アノニムな「ひと」であるのに反して、名誉心においては相手は甲であり或いは乙であり、それぞれの人間が個人としての独自性を失わないでいるところの社会である。虚栄心は本質的にアノニムである。

虚栄心の虜になるとき、人間は自己を失い、個人の独自性の意識を失うのがつねである。そのとき彼はアノニムな「ひと」を対象とすることによって彼自身アノニムな「ひと」となり、虚無に帰する。しかるに名誉心においては、それが虚栄心に変ずることなく真に名誉心にとどまっている限り、人間は自己と自己の独自性の自覚に立つのでなければならぬ。

ひとは何よりも多く虚栄心から模倣し、流行に身を委せる。流行はアノニムなものである。それだから名誉心をもっている人間が最も嫌うのは流行の模倣である。名誉心というのはすべてアノニムなものに対する戦ひである。

発生的にいうと、四足で地に這うことをやめたとき人間には名誉心が生じた。彼が直立して歩行するようになったということは、彼の名誉心の最初の、最大の行為であった。

直立することによって人間は抽象的な存在になった。そのとき彼には手というもの、このあらゆる器官のうち最も抽象的な器官が出来た、それは同時に彼にとって抽象的な思考が可能になったことである、等々、――そして名誉心というのはすべて抽象的なものに対する情熱である。

抽象的なものに対する情熱をもっているかどうかが名誉心にとって基準である。かくして世の中において名誉心から出たもののようにいわれていることも実は虚栄心にもとづくものが如何に多いであろう。

抽象的な存在になった人間はもはや環境と直接に融合して生きることができず、むしろ環境に対立し、これと戦うことによって生きねばならぬ。——名誉心というのはあらゆる意味における戦士のこころである。騎士道とか武士道とかにおいて名誉心が根本的な徳と考えられたのもこれに関係している。

たとえば、名を惜しむという。名というのは抽象的なものである。もしそれが抽象的なものでないなら、そこに名誉心はなく、虚栄心があるだけである。いま世間の評判というものはアノニムなものである。従って評判を気にすることは名誉心でなくて虚栄心に属している。アノニムなものと抽象的なものとは同じではない。両者を区別することが大切である。

すべての名誉心は何等かの仕方で永遠を考えている。この永遠というものは抽象的なものである。たとえば名を惜しむという場合、名は個人の品位の意識であり、しかもそれは抽象的なものとしての永遠に関係付けられている。虚栄心はしかるに時間的なものの最も時間的なものである。

抽象的なものに対する情熱によって個人という最も現実的なものの意識が成立する、——これが人間の存在の秘密である。たとえば人類というのは抽象的なものである。ところでこの人類という抽象的なものに対する情熱なしには人間は真の個人となることができぬ。

名誉心の抽象性のうちにその真理と同時にその虚偽がある。

名誉心において滅ぶ者は抽象的なものにおいて滅ぶ者であり、そしてこの抽象的なものにおいて滅び得るということは人間に固有なことであり、そのことが彼の名誉心に属している。

名誉心は自己意識と不可分のものであるが、自己といってもこの場合抽象的なものである。従って名誉心は自己にとどまることなく、絶えず外に向かって、社会に対して出てゆく。そこに名誉心の矛盾がある。

名誉心は白日のうちになければならない。だが白日とは何か。抽象的な空気である。

名誉心はアノニムな社会を相手にしているのではない。しかしながらそれはなお抽象的な甲、抽象的な乙、つまり抽象的な社会を相手にしているのである。

愛は具体的なものに対してのほか動かない。この点において愛は名誉心と対蹠的である。愛は謙虚であることを求め、そして名誉心は最もしばしば傲慢である。

宗教の秘密は永遠とか人類とかいう抽象的なものがそこでは最も具体的なものであるということにある。宗教こそ名誉心の限界を明瞭にするものである。

名誉心は抽象的なものであるにしても、昔の社会は今の社会ほど抽象的なものでなかった故に、名誉心はなお根底のあるものであった。しかるに今日社会が抽象的なものになるに従って名誉心もまたますます抽象的なものになっている。ゲマインシャフト的な具体的な社会においては抽象的な情熱であるところの名誉心は一つの大きな徳であることができた。ゲゼルシャフト的な抽象的な社会においてはこのような名誉心は根底のないものにされ、虚栄心と名誉心との区別も見分け難いものになっている。

# 怒について

Ira Dei（神の怒）、――キリスト教の文献を見るたびにつねに考えさせられるのはこれである。なんという恐しい思想であろう。またなんという深い思想であろう。

神の怒はいつ現れるのであるか、――正義の蹂躪された時である。怒の神は正義の神である。

神の怒はいかに現れるのであるか、――天変地異においてであるか、預言者の怒においてであるか、それとも大衆の怒においてであるか。神の怒を思え！

しかし正義とは何か。怒る神は隠れたる神である。正義の法則と考えられるようになったとき、人間にとって神の怒は忘れられてしまった。怒は啓示の一つの形式である。怒る神は法則の神ではない。

怒る神にはデモーニッシュなところがなければならぬ。神はもとデモーニッシュであったのである。しかるに今では神は人間的にされている、デーモンもまた人間的なものにされている。ヒューマニズムというのは怒を知らないことであろうか。そうだとしたなら、今日ヒューマニズムにどれほどの意味があるであろうか。

愛の神は人間を人間的にした。それが愛の意味である。しかるに世界が人間的に、余りに人間的になったとき必要なのは怒であり、神の怒を知ることである。

今日、愛については誰も語っている。誰が怒について真剣に語ろうとするのであるか。怒の意味を忘れてただ愛についてのみ語るということは今日の人間が無性格であるということのしるしである。

切に義人を思う。義人とは何か、――怒ることを知れる者である。

今日、怒の倫理的意味ほど多く忘れられているものはない。怒はただ避くべきものであるかのように考えられている。しかしながら、もし何物かがあらゆる場合に避くべきであるとすれば、それは憎しみであって怒ではない。憎しみも怒から直接に発した場合には意味をもつことができる、つまり怒は憎しみの倫理性を基礎付け得るようなものである。怒と憎しみとは本質的に異なるにもかかわらず極めてしばしば混同されている、――怒の意味が忘れられている証拠であるといえよう。
怒はより深いものである。怒は憎しみの直接の原因となることができるのに反し、憎しみはただ付帯的にしか怒の原因となることができぬ。

すべての怒は突発的である。そのことは怒の純粋性或いは単純性を示している。しかるに憎しみはほとんどすべて習慣的なものであり、習慣的に永続する憎しみのみが憎しみと考えられるほどである。憎しみの習慣性がその自然性を現はすとすれば、怒の突発性はその精神性を現はしている。怒が突発的なものであるということはその啓示的な深さを語るものでなければならぬ。しかるに憎しみが何か深いもののように見えるとすれば、それは憎しみが習慣的な永続性をもっているためである。

怒ほど正確な判断を乱すものはないといわれるのは正しいであろう。しかし怒る人間は怒を表わさないで憎んでいる人間よりもつねに恕せらるべきである。

ひとは愛に種類があるという。愛は神の愛(アガペ)、理想に対する愛(プラトン的エロス)、そして肉体的な愛という三つの段階に区別されている。そうであるなら、それに相応して怒にも、神の怒、名誉心からの怒、気分的な怒という三つの種類を区別することができるであろう。怒に段階が考えられるということは怒の深さを示すものである。ところが憎しみについては同様の段階を区別し得るであろうか。怒の内面性が理解されねばならぬ。

愛と憎しみとをつねに対立的に考えることは機械的に過ぎるといい得る

であろう。少くとも神の弁証法は愛と憎しみの弁証法でなくて愛と怒の弁証法である。神は憎むことを知らず、怒ることを知っている。神の怒を忘れた多くの愛の説は神の愛をも人間的なものにしてしまった。

我々の怒の多くは気分的である。気分的なものは生理的なものに結び付いている。従って怒を鎮めるには生理的な手段に訴えるのがよい。一般に生理は道徳に深い関係がある。昔の人はそのことをよく知っており、知ってよく実行したが、今ではその知恵は次第に乏しくなっている。生理学のない倫理学は、肉体をもたぬ人間と同様、抽象的である。その生理学は一つの技術として体操でなければならない。体操は身体の運動に対する正しい判断の支配であり、それによって精神の無秩序も整えられることができる。情念の動くままにまかされようとしている身体に対して適当な体操を心得ていることは情念を支配するに肝要なことである。

怒を鎮める最上の手段は時であるといわれるであろう。怒はとりわけ突発的なものであるから。

神は時に惨めな人間を慰めるように命令した。しかし時は人間を救うであろうか。時によって慰められるということは人間のはかなさ一般に属している。時とは消滅性である。

我々の怒の多くは神経のうちにある。それだから神経を苛立たせる原因になるようなこと、例えば、空腹とか睡眠不足とかいうことが避けられねばならぬ。すべて小さいことによって生ずるものは小さいことによって生じないようにすることができる。しかし極めて小さいことによってにせよ一旦生じたものは極めて大きな禍を惹き起すことが可能である。社会と文化の現状は人間を甚だ神経質にしている。そこで怒も常習的になり、常習的になることによって怒は本来の性質を失うとしている。怒と焦躁とが絶えず混淆している。同じ理由から、今日では怒と憎しみとの区別も曖昧になっている。怒る人を見るとき、私はなんだか古風な人間に会ったように感じる。

怒は復讐心として永続することができる。復讐心は憎しみの形を取った怒である。しかし怒は永続する場合その純粋性を保つことが困難である。怒から発した復讐心も単なる憎しみに転じてしまうのがほとんどつねである。

肉慾的な愛も永続する場合次第に浄化されて一層高次の愛に高まってゆくことができる。そこに愛というものの神秘がある。愛の道は上昇の道であり、そのことがヒューマニズムの観念と一致し易い。すべてのヒューマニズムの根底にはエロティシズムがあるといえるであろう。

しかるに怒においては永続することによって一層高次の怒に高まるということがない。しかしそれだけ深く神の怒というものの神秘が感じられるのである。怒にはただ下降の道があるだけである。そしてそれだけ怒の根源の深さを思はねばならないのである。

愛は統一であり、融合であり、連続である。怒は分離であり、独立であり、非連続である。神の怒を考えることなしに神の愛と人間的な愛との区別を考え得るであろうか。ユダヤの預言者なしにキリストは考え得るであろうか。旧約なしに新約は考え得るであろうか。

神でさえ自己が独立の人格であることを怒によって示さねばならなかった。

特に人間的といはれ得る怒は名誉心からの怒である。名誉心は個人意識と不可分である。怒において人間は無意識的にせよ自己が個人であること、独立の人格であることを示さうとするのである。そこに怒の倫理的意味が隠されている。

今日、怒というものが曖昧になったのは、この社会において名誉心と虚栄心との区別が曖昧になったという事情に相応している。それはまたこの社会において無性格な人間が多くなったという事実を反映している。怒る人間は少くとも性格的である。

ひとは軽蔑されたと感じたとき最もよく怒る。だから自信のある者はあまり怒らない。彼の名誉心は彼の怒が短気であることを防ぐであろう。ほんとに自信のある者は静かで、しかも威厳をそなえている。それは完成した性格のことである。

相手の怒を自分の心において避けようとして自分の優越を示さうとするのは愚である。その場合自分が優越を示そうとすればするほど相手は更に軽蔑されたのを感じ、その怒は募る。ほんとに自信のある者は自分の優越を示そうなどとはしないであろう。

怒を避ける最上の手段は機智である。

怒にはどこか貴族主義的なところがある。善い意味においても、悪い意味においても。

孤独の何であるかを知っている者のみが真に怒ることを知っている。

アイロニーという一つの知的性質はギリシア人のいわゆるヒュブリス（驕り）に対応する。ギリシア人のヒュブリスは彼等の怒り易い性質を離れて存しなかったであろう。名誉心と虚栄心との区別が曖昧になり、怒の意味が曖昧になった今日においては、たとえアイロニーは稀になっていないとしても、少くともその効用の大部分を失った。

# 人間の条件について

どんな方法でもよい、自己を集中しようとすればするほど、私は自己が何かの上に浮いているように感じる。いったい何の上にであろうか。虚無の上にというのほかない。自己は虚無の中の一つの点である。この点は限りなく縮小されることができる。しかしそれはどんなに小さくなっても、自己がその中に浮き上っている虚無と一つのものではない。生命は虚無でなく、虚無はむしろ人間の条件である。けれどもこの条件は、あたかも一つの波、一つの泡沫でさえもが、海というものを離れて考えられないように、それなしには人間が考えられぬものである。人生は泡沫の如しという思想は、その泡沫の条件としての波、そして海を考えない場合、間違っている。しかしまた泡沫や波が海と一つのものであるように、人間もその条件であるところの虚無と一つのものである。生命とは虚無を掻き集める力である。それは虚無からの形成力である。虚無を掻き集めて形作られたものは虚無ではない。虚無と人間とは死と生とのように異なっている。しかし虚無は人間の条件である。

人間の条件として他の無数のものが考えられるであろう。例えば、この室、この机、この書物、或いはこの書物が与える知識、またこの家の庭、全体の自然、或いは家族、そして全体の社会……世界。このいくつかの言葉で表されたものは更に無数の要素に分解することができる。それら無数の要素は互いに関係している。また人間というものも、その身体も、その精神も、それらの要素と同じ秩序のものに限りなく分解することが可能である。そして一つの細胞にとって他のすべての細胞は条件であり、一つの心象にとって他のすべての心象は条件である。これらの条件は他のあらゆる条件と関係している。かようにどこまでも分解を進めてゆくならば、条件以外に何等か人間そのものを発見することは不可能であるように思われる。私は自己が世界の要素と同じ要素に分解されてしまうのを見る。しかしながらそれにもかかわらず私が世界と異なるあるものとして存在することは確かである。人間と人間の条件とはどこまでも異なっている。このことは如何にして可能であろうか。

物が人間の条件であるというのは、それが虚無の中において初めてそのような物として現れるということによってである。言い換えると、世界

――それを無限に大きく考えるにせよ、無限に小さく考えるにせよ――が人間の条件であることにとって虚無はそのアプリオリである。虚無という人間の根本的条件に制約されたものとして、それ自身虚無に帰し得るもの、いな、虚無であるものとして、世界の物は人間の条件である。かようにして初めて、人間は世界と同じ要素に、それらの要素の関係に、限りなく分解され得るにしても、人間と世界との間に、人間と人間の条件との間に、どこまでも区別が存在し得るのである。虚無が人間の条件の条件でないならば、如何にして私の自己は世界の要素と根本的に区別されるあるものであり得るであろうか。

虚無が人間の条件或いは人間の条件であるものの条件であるところから、人生は形成であるということが従ってくる。自己は形成力であり、人間は形成されたものであるというのみではない、世界も形成されたものとして初めて人間的生命にとって現実的に環境の意味をもつことができるのである。生命はみづから形として外に形を作り、物に形を与えることによって自己に形を与える。かような形成は人間の条件が虚無であることによって可能である。

世界は要素に分解され、人間もこの要素的世界のうちへ分解され、そして要素と要素との間には関係が認められ、要素そのものも関係に分解されてしまうことができるであろう。この関係はいくつかの法則において定式化することができるであろう。しかしかような世界においては生命は成立することができない。何故であるか。生命は抽象的な法則でなく、単なる関係でも、関係の和でも積でもなく、生命は形であり、しかるにかような世界においては形というものは考えられないからである。形成はどこか他のところから、即ち虚無から考えられねばならぬ。形成はつねに虚無からの形成である。形の成立も、形と形との関係も、形から形への変化もただ虚無を根底として理解することができる。そこに形というものの本質的な特徴がある。

古代は実体概念によって思考し、近代は関係概念或いは機能概念（函数概念）によって思考した。新しい思考は形の思考でなければならぬ。形は単なる実体でなく、単なる関係乃至機能でもない。形はいわば両者の総合である。関係概念と実体概念とが一つであり、実体概念と機能概念とが一つであるところに形が考えられる。

以前の人間は限定された世界のうちに生活していた。その住む地域は端から端まで見通しのできるものであった。その用いる道具はどこの何某が作ったものであり、その技量はどれほどのものであるかがわかっていた。また彼が得る報道や知識にしても、どこの何某から出たものであり、その人がどれほど信用のできる男であるかが知られていた。このように彼の生活条件、彼の環境が限定されたものであったところから、従って形の見えるものであったところから、人間自身も、その精神においても、その表情においても、その風貌においても、はっきりした形のあるものであった。つまり以前の人間には性格があった。

しかるに今日の人間の条件は異なっている。現代人は無限定な世界に住んでいる。私は私の使っている道具がどこの何某の作ったものであるかを知らないし、私が拠り所にしている報道や知識もどこの何某から出たものであるかを知らない。すべてがアノニム（無名）のものであるというのみでない。すべてがアモルフ（無定形）のものである。かような生活条件のうちに生きるものとして現代人自身も無名な、無定形なものとなり、無性格なものとなっている。

ところで現代人の世界がかように無限定なものであるのは、実は、それが最も限定された結果として生じたことである。交通の発達によって世界の隅々まで互に関係付けられている。私は見えない無数のものに繋がれている。孤立したものは無数の関係に入ることによって極めてよく限定されたものとなった。実体的なものは関係に分解されることによって最も厳密に限定されたものとなった。この限定された世界に対して以前の世界がむしろ無限定であるといはねばならぬであろう。しかしながらそれにもかかわらず今日の世界は無限定である、関係的乃至函数的には限定されているにしても、或いはむしろそのように限定されつくした結果、形としてはかえって無限定なものになっている。この無限定が実は特定の限定の仕方の発達した結果生じたものであるところに、現代人の無性格といわれるものの特殊な複雑さがある。

今日の人間の最大の問題は、かように形のないものから如何にして形を作るかということである。この問題は内在的な立場においては解決されない。なぜならこの無定形な状態は限定の発達しつくした結果生じたものであるから。そこに現代のあらゆる超越的な考え方の意義がある。形成は虚無からの形成、科学を超えた芸術的ともいうべき形成でなければならぬ。一種芸術的な世界観、しかも観照的でなくて形成的な世界観が支配的になるに至るまでは、現代には救済がないといえるかも知れない。

現代の混乱といわれるものにおいて、あらゆるものが混合しつつある。

対立するものが総合されてゆくというよりもむしろ対立するものが混合されてゆくというのが実際に近い。この混合から新しい形が出てくるであろう。形の生成は総合の弁証法であるよりも混合の弁証法である。私のいう構想力の論理は混合の弁証法として特徴付けられねばならぬであろう。混合は不定なものの結合であり、その不定なものの不定性の根拠は虚無の存在である。あらゆるものは虚無においてあり、且つそれぞれ特殊的に虚無を抱いているところから混合が考えられる。虚無は一般的な存在を有するのみでなく、それぞれにおいて特殊的な存在を有する。混合の弁証法は虚無からの形成でなければならぬ。カオスからコスモスへの生成を説いた古代人の哲学には深い真理が含まれている。重要なのはその意味をどこまでも主体的に把握することである。

# 孤独について

「この無限の空間の永遠の沈黙は私を戦慄させる」（パスカル）。

孤独が恐しいのは、孤独そのもののためでなく、むしろ孤独の条件によってである。あたかも、死が恐しいのは、死そのもののためでなく、むしろ死の条件によってであるのと同じである。しかし孤独の条件以外に孤独そのものがあるのか。死の条件以外に死そのものがあるであろうか。その条件以外にその実体を捉へることのできぬもの、——死も、孤独も、まことにかくの如きものであろうと思われる。しかも、実体性のないものは実在性のないものといえるか、またいはねばならないのであるか。

古代哲学は実体性のないところに実在性を考えることができなかった。従ってそこでは、死も、そして孤独も、あたかも闇が光の欠乏と考えられたように、単に欠乏（ステレーシス）を意味するに過ぎなかったであろう。しかるに近代人は条件によって思考する。条件によって思考することを教えたのは近代科学である。だから近代科学は死の恐怖や孤独の恐怖の虚妄性を明らかにしたのでなく、むしろその実在性を示したのである。

孤独というのは独居のことではない。独居は孤独の一つの条件に過ぎず、しかもその外的な条件である。むしろひとは孤独を逃れるために独居しさえするのである。隠遁者というものはしばしばかような人である。

孤独は山になく、街にある。一人の人間にあるのでなく、大勢の人間の「間」にあるのである。孤独は「間」にあるものとして空間の如きものである。「真空の恐怖」——それは物質のものでなくて人間のものである。

孤独は内に閉じこもることではない。孤独を感じるとき、試みに、自分の手を伸ばして、じっと見詰めよ。孤独の感じは急に迫ってくるであろう。

孤独を味わうために、西洋人なら街に出るであろう。ところが東洋人は自然の中に入った。彼等には自然が社会の如きものであったのである。東洋人に社会意識がないというのは、彼等には人間と自然とが対立的に考えられないためである。

東洋人の世界は薄明の世界である。しかるに西洋人の世界は昼の世界と夜の世界である。昼と夜との対立のないところが薄明である。薄明の淋しさは昼の淋しさとも夜の淋しさとも性質的に違っている。

孤独には美的な誘惑がある。孤独には味わいがある。もし誰もが孤独を好むとしたら、この味わいのためである。孤独の美的な誘惑は女の子も知っている。孤独のより高い倫理的意義に達することが問題であるのだ。その一生が孤独の倫理的意義の探求であったといい得るキェルケゴールでさえ、その美的な誘惑にしばしば負けているのである。

感情は主観的で知性は客観的であるといふ普通の見解には誤謬がある。むしろその逆が一層真理に近い。感情は多くの場合客観的なもの、社会化されたものであり、知性こそ主観的なもの、人格的なものである。真に主観的な感情は知性的である。孤独は感情でなく知性に属するのでなければならぬ。

真理と客観性、従って非人格性とを同一視する哲学的見解ほど有害なものはない。かような見解は真理の内面性のみでなく、また特にその表現性を理解しないのである。

いかなる対象も私をして孤独を超えさせることはできぬ。孤独において私は対象の世界を全体として超えているのである。

孤独であるとき、我々は物から滅ぼされることはない。我々が物において滅ぶのは孤独を知らない時である。

物が真に表現的なものとして我々に迫るのは孤独においてである。そして我々が孤独を超えることができるのはその呼び掛けに応える自己の表現活動においてのほかない。アウグスティヌスは、植物は人間から見られることを求めており、見られることがそれにとって救済であるといったが、表現することは物を救うことであり、物を救うことによって自己を救うことである。かようにして、孤独は最も深い愛に根差している。そこに孤独の実在性がある。

# 嫉妬について

もし私に人間の性の善であることを疑わせるものがあるとしたら、それは人間の心における嫉妬の存在である。嫉妬こそベーコンがいったように悪魔に最もふさわしい属性である。なぜなら嫉妬は狡猾に、闇の中で、善いものを害することに向かって働くのが一般であるから。

どのような情念でも、天真爛漫に現れる場合、つねにある美しさをもっている。しかるに嫉妬には天真爛漫ということがない。愛と嫉妬とは、種々の点で似たところがあるが、まずこの一点で全く違っている。即ち愛は純粋であり得るに反して、嫉妬はつねに陰険である。それは子供の嫉妬においてすらそうである。

愛と嫉妬とはあらゆる情念のうち最も術策的である。それらは他の情念に比して遙かに持続的な性質のものであり、従ってそこに理智の術策が入ってくることができる。また逆に理智の術策によってそれらの情念は持続性を増すのである。如何なる情念も愛と嫉妬とほど人間を苦しめない、なぜなら他の情念はそれほど持続的でないから。この苦しみの中からあらゆる術策が生れてくる。しかも愛は嫉妬の混入によって術策的になることが如何に多いか。だから術策的な愛によってのほか楽しまない者は、相手に嫉妬を起させるような手段を用いる。

嫉妬は平生は「考え」ない人間にも「考え」させる。

愛と嫉妬との強さは、それらが烈しく想像力を働かせることに基いている。想像力は魔術的なものである。ひとは自分の想像力で作り出したものに対して嫉妬する。愛と嫉妬とが術策的であるということも、それらが想像力を駆り立て、想像力に駆り立てられて動くところから生ずる。しかも嫉妬において想像力が働くのはその中に混入している何等かの愛によってである。嫉妬の底に愛がなく、愛のうちに悪魔がいないと、誰が知ろうか。

嫉妬は自分よりも高い地位にある者、自分よりも幸福な状態にある者に対して起る。だがその差異が絶対的でなく、自分も彼のようになり得ると考えられることが必要である。全く異質的でなく、共通なものがなければならぬ。しかも嫉妬は、嫉妬される者の位置に自分を高めようとすることなく、むしろ彼を自分の位置に低めようとするのが普通である。嫉妬がより高いものを目差しているように見えるのは表面上のことである、それは本質的には平均的なものに向かっているのである。この点、愛がその本性においてつねにより高いものに憧れるのと異なっている。

かようにして嫉妬は、愛と相反する性質のものとして、人間的な愛に何か補わねばならぬものがあるかの如く、絶えずその中に干渉してくるのである。

同じ職業の者が真の友達になることは違った職業の者の間においてよりも遙かに困難である。

嫉妬は性質的なものの上に働くのでなく、量的なものの上に働くのである。特殊的なもの、個性的なものは、嫉妬の対象とはならぬ。嫉妬は他を個性として認めること、自分を個性として理解することを知らない。一般的なものに関してひとは嫉妬するのである。これに反して愛の対象となるのは一般的なものでなくて特殊的なもの、個性的なものである。

嫉妬は心の奥深く燃えるのがつねであるにもかかわらず、何等内面性を知らぬ。

嫉妬とはすべての人間が神の前においては平等であることを知らぬ者の人間の世界において平均化を求める傾向である。

嫉妬は出歩いて、家を守らない。それは自分に留まらないで絶えず外へ出てゆく好奇心のひとつの大きな原因になっている。嫉妬のまじらない無邪気な好奇心というものは如何に稀であるか。

一つの情念は知性によってよりも他の情念によって一層よく制することができるというのは、一般的な真理である。英雄は嫉妬的でないという言葉がもしほんとであるとしたら、彼等においては功名心とか競争心とかいう他の情念が嫉妬よりも強く、そして重要なことは、一層持続的な力になっているということである。

功名心や競争心はしばしば嫉妬と間違えられる。しかし両者の差異は明瞭である。まず功名心や競争心は公共的な場所を知っているに反し、嫉妬はそれを知らない。嫉妬はすべての公事を私事と解して考える。嫉妬が功名心や競争心に転化されることは、その逆の場合よりも遙かに困難である。

嫉妬はつねに多忙である。嫉妬の如く多忙で、しかも不生産的な情念の存在を私は知らない。

もし無邪気な心というものを定義しようとするなら、嫉妬的でない心というのが何よりも適当であろう。

自信がないことから嫉妬が起るというのは正しい。尤も何等の自信もなければ嫉妬の起りようもないわけであるが。しかし嫉妬はその対象において自己が嫉妬している当の点を避けて他の点に觸れるのがつねである。嫉妬は詐術的である。

嫉妬心をなくするために、自信を持てといわれる。だが自信は如何にして生ずるのであるか。自分で物を作ることによって。嫉妬からは何物も作られない。人間は物を作ることによって自己を作り、かくて個性になる。個性的な人間ほど嫉妬的でない。個性を離れて幸福が存在しないことはこの事実からも理解されるであろう。

# 成功について

今日の倫理学のほとんどすべてにおいて置き忘れられた二つの最も著しいものは、幸福と成功というものである。しかもそれは相反する意味においてそのようになっているのである。即ち幸福はもはや現代的なものでない故に。そして成功はあまりに現代的なものである故に。

古代人や中世的人間のモラルのうちには、我々の意味における成功というものはどこにも存しないように思う。彼等のモラルの中心は幸福であったのに反して、現代人のそれは成功であるといつてよいであろう。成功するということが人々の主な問題となるようになったとき、幸福というものはもはや人々の深い関心でなくなった。

成功のモラルが近代に特徴的なものであることは、進歩の観念が近代に特徴的なものであるのに似ているであろう。実は両者の間に密接な関係があるのである。近代啓蒙主義の倫理における幸福論は幸福のモラルから成功のモラルへの推移を可能にした。成功というものは、進歩の観念と同じく、直線的な向上として考えられる。しかるに幸福には、本来、進歩というものはない。

中庸は一つの主要な徳であるのみでなく、むしろあらゆる徳の根本的な形であると考えられてきた。この観点を破つたところに成功のモラルの近代的な新しさがある。

成功のモラルはおよそ非宗教的なものであり、近代の非宗教的な精神に相応している。

成功と幸福とを、不成功と不幸とを同一視するようになって以来、人間は真の幸福が何であるかを理解し得なくなった。自分の不幸を不成功として考えている人間こそ、まことに憐れむべきである。

他人の幸福を嫉妬する者は、幸福を成功と同じに見ている場合が多い。幸福は各人のもの、人格的な、性質的なものであるが、成功は一般的なもの、量的に考えられ得るものである。だから成功は、その本性上、他人の嫉妬を伴ひ易い。

幸福が存在に関わるのに反して、成功は過程に関わっている。だから、他人からは彼の成功と見られることに対して、自分では自分に関わりのないことであるかのように無関心でいる人間がある。かような人間は二重に他人から嫉妬されるおそれがあろう。

Streber――このドイツ語で最も適切に表わされる種類の成功主義者こそ、俗物中の俗物である。他の種類の俗物は時として気紛れに俗物であることをやめる。しかるにこの努力家型の成功主義者は、決して軌道をはずすことがない故に、それだけ俗物として完全である。

シュトレーバーというのは、生きることがそもそも冒険であるという形而上学的真理を如何なる場合にも理解することのない人間である。想像力の欠乏がこの努力家型を特徴付けている。

成功も人生に本質的な冒険に属するということを理解するとき、成功主義は意味をなさなくなるであろう。成功を冒険の見地から理解するか、冒険を成功の見地から理解するかは、本質的に違ったことである。成功主義は後の場合であり、そこには真の冒険はない。人生は賭であるという言葉ほど勝手に理解されて濫用されているものはない。

一種のスポーツとして成功を追求する者は健全である。

純粋な幸福は各人においてオリジナルなものである。しかし成功はそうではない。エピゴーネントゥム（追随者風）は多くの場合成功主義と結び付いている。

近代の成功主義者は型としては明瞭であるが個性ではない。古代においては、個人意識は発達していなかったが、それだけに型的な人間が個性的であるということがあった。個人意識の発達した現代においてはかえって、型的な人間は量的な平均的な人間であって個性的でないということが生じた。現代文化の悲劇、或いはむしろ喜劇は、型と個性との分離にある。そこに個性としては型的な強さがなく、型としては個性的な鮮かさのない人間が出来たのである。

成功のモラルはオプティミズムに支へられている。それが人生に対する意義は主としてこのオプティミズムの意義である。オプティミズムの根底には合理主義或いは主知主義がなければならぬ。しかるにオプティミズムがこの方向に洗煉された場合、なお何等か成功主義というものが残り得るであろうか。

成功主義者が非合理主義者である場合、彼は恐るべきである。

近代的な冒険心と、合理主義と、オプティミズムと、進歩の観念との混合から生まれた最高のものは企業家的精神である。古代の人間理想が賢者であり、中世のそれが聖者であったように、近代のそれは企業家であるといい得るであろう。少くともそのように考えられるべき多くの理由がある。しかるにそれが一般にはそのように純粋に把握されなかったのは近代の拝金主義の結果である。

もしひとがいくらかの権力を持っているとしたら、成功主義者ほど御し易いものはないであろう。部下を御してゆく手近な道は、彼等に立身出世のイデオロギーを吹き込むことである。

私は今ニーチェのモラルの根本が成功主義に対する極端な反感にあったことを知るのである。

# 瞑想について

たとえば人と対談している最中に私は突然黙り込むことがある。そんな時、私は瞑想に訪問されたのである。瞑想はつねに不意の客である。私はそれを招くのでなく、また招くこともできない。しかしそれの来るときにはあらゆるものにもかかわらず来るのである。「これから瞑想しよう」などということはおよそ愚にも付かぬことだ。私の為し得ることはせいぜいこの不意の客に対して常に準備をしておくことである。

思索は下から昇ってゆくものであるとすれば、瞑想は上から降りてくるものである。それはある天与の性質をもっている。そこに瞑想とミスティシズムとの最も深い結び付きがある。瞑想は多かれ少かれミスティックなものである。

この思い設けぬ客はあらゆる場合に来ることができる。単にひとり静かに居る時のみではない、全き喧騒の中においてもそれは来るのである。孤独は瞑想の条件であるよりも結果である。例えば大勢の聴衆に向かって話している時、私は不意に瞑想に襲われることがある。そのときこの不可抗の闖入者は、私はそれを虐殺するか、それともそれに全く身を委せてついてゆくかである。瞑想には条件がない。条件がないということがそれを天与のものと思はせる根本的な理由である。

プラトンはソクラテスがポティダイアの陣営において一昼夜立ち続けて瞑想に耽ったということを記している。その時ソクラテスはまさに瞑想したのであって、思索したのではない。彼が思索したのはかえって彼が市場に現れて誰でもを捉えて談論した時である。思索の根本的な形式は対話である。ポティダイアの陣営におけるソクラテスとアテナいの市場におけるソクラテス——これほど明瞭に瞑想と思索との差異を現はしているものはない。

思索と瞑想との差異は、ひとは思索のただなかにおいてさえ瞑想に陥ることがあるという事実によって示されている。

瞑想には過程がない。この点において、それは本質的に過程的な思索と異なっている。

すべての瞑想は甘美である。この故にひとは瞑想を欲するのであり、その限りすべての人間はミスティシズムに対する嗜好をもっている。けれども瞑想は本来我々の意欲に依存するものではない。

すべての魅力的な思索の魅力は瞑想に、このミスティックなもの、形而上学的なものにもとづいている。その意味においてすべての思想は、元来、甘いものである。思索が甘いものであるのではない、甘い思索というものは何等思索ではないであろう。思索の根底にある瞑想が甘美なものなのである。

瞑想はその甘さの故にひとを誘惑する。真の宗教がミスティシズムに反対するのはかような誘惑の故であろう。瞑想は甘いものであるが、それに誘惑されるとき、瞑想はもはや瞑想ではなくなり、夢想か空想かになるであろう。

瞑想を生かし得るものは思索の厳しさである。不意の訪問者である瞑想に対する準備というのは思索の方法的訓練をそなえていることである。

瞑想癖という言葉は矛盾である。瞑想は何等習慣になり得る性質のものではないからである。性癖となった瞑想は何等瞑想ではなく、夢想か空想かである。

瞑想のない思想家は存在しない。瞑想は彼にヴィジョンを与えるものであり、ヴィジョンをもたぬ如何なる真の思想も存在しないからである。真に創造的な思想家はつねにいメージを踏まへて厳しい思索に集中しているものである。

勤勉は思想家の主要な徳である。それによって思想家といわゆる瞑想家或いは夢想家とが区別される。もちろんひとは勤勉だけで思想家になることはできぬ。そこには瞑想が与えられねばならないから。しかし真の思想家はまた絶えず瞑想の誘惑と戦っている。

ひとは書きながら、もしくは書くことによって思索することができる。しかし瞑想はそうではない。瞑想はいわば精神の休日である。そして精神には仕事と同様、閑暇が必要である。余りに多く書くことも全く書かぬことも共に精神にとって有害である。

哲学的文章におけるパウゼというものは瞑想である。思想のスタイルは主として瞑想的なものに依存している。瞑想がリズムであるとすれば、思索はタクトである。

瞑想の甘さのうちには多かれ少かれつねにエロス的なものがある。

思索が瞑想においてあることは、精神が身体においてあるのと同様である。

瞑想は思想的人間のいわば原罪である。瞑想のうちに、従ってまたミスティシズムのうちに救済があると考えることは、異端である。宗教的人間にとってと同様に、思想的人間にとっても、救済は本来ただ言葉において与えられる。

# 噂について

噂は不安定なもの、不確定なものである。しかも自分では手の下しようもないものである。我々はこの不安定なもの、不確定なものに取り巻かれながら生きてゆくのほかない。

しからば噂は我々にとって運命の如きものであろうか。それは運命であるにしては余りに偶然的なものである。しかもこの偶然的なものは時として運命よりも強く我々の存在を決定するのである。

もしもそれが運命であるなら、我々はそれを愛しなければならぬ。またもしそれが運命であるなら、我々はそれを開拓しなければならぬ。だが噂は運命ではない。それを運命の如く愛したり開拓したりしようとするのは馬鹿げたことである。我々の少しも拘泥してはならぬこのものが、我々の運命をさえ決定するというのは如何なることであろうか。

噂はつねに我々の遠くにある。我々はその存在をさえ知らないことが多い。この遠いものが我々にかくも密接に関係してくるのである。しかもこの関係は掴むことのできぬ偶然の集合である。我々の存在は無数の眼に見えぬ偶然の糸によってどことも知れぬ処に繋がれている。

噂は評判として一つの批評であるというが、その批評には如何なる基準もなく、もしくは無数の偶然的な基準があり、従って本来なんら批評でなく、極めて不安定で不確定である。しかもこの不安定で不確定なものが、我々の社会的に存在する一つの最も重要な形式なのである。

評判を批評の如く受取り、これと真面目に対質しようとすることは、無駄である。いったい誰を相手にしようというのか。相手はどこにもいない、もしくは到る処にいる。しかも我々はこの対質することができないものと絶えず対質させられているのである。

噂は誰のものでもない、噂されている当人のものでさえない。噂は社会的なものであるにしても、厳密にいうと、社会のものでもない。この実体のないものは、誰もそれを信じないとしながら、誰もそれを信じている。噂は原初的な形式におけるフィクションである。

噂はあらゆる情念から出てくる。嫉妬から、猜疑心から、競争心から、好奇心から、等々。噂はかかるものでありながら噂として存在するに至ってはもはや情念的なものでなくて観念的なものである。――熱情をもって語られた噂は噂として受取られないであろう。――そこにいわば第一次の観念化作用がある。第二次の観念化作用は噂から神話への転化において行はれる。神話は高次のフィクションである。

あらゆる噂の根源が不安であるというのは真理を含んでいる。ひとは自己の不安から噂を作り、受取り、また伝える。不安は情念の中の一つの情念でなく、むしろあらゆる情念を動かすもの、情念の情念ともいうべく、従ってまた情念を超えたものである。不安と虚無とが一つに考えられるのもこれによってである。虚無から生れたものとして噂はフィクションである。

噂は過去も未来も知らない。噂は本質的に現在のものである。この浮動的なものに我々が次から次へ移し入れる情念や合理化による加工はそれを神話化してゆく結果になる。だから噂は永続するに従って神話に変わってゆく。その噂がどのようなものであろうと、我々は噂されることによって滅びることはない。噂をいつまでも噂にとどめておくことができるほど賢明に無関心で冷静であり得る人間は少ないから。

噂には誰も責任者というものがない。その責任を引受けているものを我々は歴史と呼んでいる。

噂として存在するか否かは、物が歴史的なものであるか否かを区別する一つのしるしである。自然のものにしても、噂となる場合、それは歴史の世界に入つているのである。人間の場合にしても、歴史的人物であればあるほど、彼は一層多く噂にのぼるであろう。歴史はすべてかくの如く不安定なものの上に拠つている。尤も噂は物が歴史に入る入口に過ぎぬ。たいていのものはこの入口に立つだけで消えてしまう。ほんとに歴史的になつたものは、もはや噂として存在するのでなく、むしろ神話として存在するのである。噂から神話への範疇転化、そこに歴史の観念化作用がある。

かくの如く歴史は情念の中から観念もしくは理念を作り出してくる。これは歴史の深い秘密に属している。

噂は歴史に入る入口に過ぎないが、それはこの世界に入るために一度は通らねばならぬ入口であるように思われる。歴史的なものは噂というこの荒々しいもの、不安定なものの中から出てくるのである。それは物が結晶する前にまずなければならぬ震盪の如きものである。

歴史的なものは批評の中からよりも噂の中から決定されてくる。物が歴史的になるためには、批評を通過するということだけでは足りない、噂という更に気紛れなもの、偶然的なもの、不確定なものの中を通過しなければならぬ。

噂よりも有力な批評というものは甚だ稀である。

歴史は不確定なものの中から出てくる。噂というものはその最も不確定なものである。しかも歴史は最も確定的なものではないのか。

噂の問題は確率の問題である。しかもそれは物理的確率とは異なる歴史的確率の問題である。誰がその確率を計算し得るか。

噂するように批評する批評家は多い。けれども批評を歴史的確率の問題として取り上げる批評家は稀である。私の知る限りではヴァレリーがそれだ。かような批評家には数学者のような知性が必要である。しかし如何に多くの批評家が独断的であるか。そこでまた如何に多くの批評家が、自分も世間も信じているのとは反対に、批評的であるよりも実践的であるか。

# 利己主義について

一般に我々の生活を支配しているのはgive and takeの原則である。それ故に純粋な利己主義というものは全く存在しないか或いは極めて稀である。いったい誰が取らないでただ与えるばかりであり得るほど有徳或いはむしろ有力であり得るであろうか。逆にいったい誰が与えないでただ取るばかりであり得るほど有力或いはむしろ有徳であり得るであろうか。純粋な英雄主義が稀であるように、純粋な利己主義もまた稀である。

我々の生活を支配しているギヴ・アンド・テイクの原則は、たいていの場合我々は意識しないでそれに従っている。言い換えると、我々は意識的にのほか利己主義者であることができない。

利己主義者が不気味に感じられるのは、彼が利己的な人間であるためであるよりも、彼が意識的な人間であるためである。それ故にまた利己主義者を苦しめるものは、彼の相手ではなく、彼の自意識である。

利己主義者は原則的な人間である、なぜなら彼は意識的な人間であるから。――ひとは習慣によってのほか利己主義者であることができない。これら二つの、前の命題とも反し、また相互に矛盾する命題のうちに、人間の力と無力とが言い表される。

我々の生活は一般にギヴ・アンド・テイクの原則に従っていると言えば

たいていの者がなにほどかは反感を覚えるであろう。そのことは人生において実証的であることが如何に困難であるかを示している。利己主義というものですら、ほとんどすべてが想像上のものである。しかも利己主義者である要件は、想像力をもたぬということである。

利己主義者が非情に思われるのは、彼に愛情とか同情とかがないためであるよりも、彼に想像力がないためである。そのように想像力は人生にとって根本的なものである。人間は理性によってというよりも想像力によって動物から区別される。愛情ですら、想像力なくして何物であるか。

愛情は想像力によって量られる。

実証主義は本質的に非情である。実証主義の果てが虚無主義であるのはだから当然のことである。

利己主義者は中途半端な実証主義者である。それとも自覚に達しない虚無主義者であるといえるであろうか。

利己的であることと実証的であることとは、しばしばすりかえられる。一つには自己弁解のために、逆には他人攻撃のために。

我々の生活を支配するギヴ・アンド・テイクの原則は、期待の原則である。与えることには取ることが、取ることには与えることが、期待されている。それは期待の原則として、決定論的なものでなくてむしろ確率論的なものである。このように人生は蓋然的なものの上に成り立っている。人生においては蓋然的なものが確実なものである。

我々の生活は期待の上になり立つている。

期待は他人の行為を拘束する魔術的な力をもつている。我々の行為は絶えずその呪縛のもとにある。道徳の拘束力もそこに基礎をもつている。他人の期待に反して行為するということは考えられるよりも遥かに困難である。時には人々の期待に全く反して行動する勇気をもたねばならぬ。世間が期待する通りになろうとする人は遂に自分を発見しないでしまうことが多い。秀才と呼ばれた者が平凡な人間で終るのはその一つの例である。

利己主義者は期待しない人間である、従つてまた信用しない人間である。それ故に彼はつねに猜疑心に苦しめられる。

ギヴ・アンド・テイクの原則を期待の原則としてでなく打算の原則とし

て考えるものが利己主義者である。

人間が利己的であるか否かは、その受取勘定をどれほど遠い未来に延ばし得るかという問題である。この時間的な問題はしかし単なる打算の問題でなくて、期待の、想像力の問題である。

この世で得られないものを死後において期待する人は宗教的といわれる。これがカンーの神の存在の証明の要約である。

利己主義者は他の人間が自分とは同じようでないことを暗黙に前提している。もしすべての人間が利己的であるとしたなら、彼の利己主義も成立し得ない筈であるから。利己主義者の誤算は、その差異がただ勘定の期限の問題であることを理解しないところにある。そしてこれは彼に想像力が欠けているということの証拠にほかならない。

利己主義者は自分では十分合理的な人間であると思つている。そのことを彼は公言もするし、誇りにさえもしている。彼は、彼の理智の限界が想像力の欠乏にあることを理解しないのである。

すべての人間が利己的であるということを前提にした社会契約説は、想像力のない合理主義の産物である。社会の基礎は契約でなくて期待である。社会は期待の魔術的な拘束力の上に建てられた建物である。

どのような利己主義者も自己の特殊的な利益を一般的な利益として主張

する。――そこから如何に多くの理論が作られているか。――これに反して愛と宗教とにおいては、ひとはかえって端的に自己を主張する。それらは理論を軽蔑するのである。

利己主義という言葉はほとんどつねに他人を攻撃するために使はれる。主義というものは自分で称するよりも反対者から押し付けられるものであるということの最も日常的な例がここにある。

# 健康について

何が自分の為になり、何が自分の害になるか、の自分自身の観察が、健康を保つ最上の物理学であるということには、物理学の規則を超えた智恵がある。――私はここにこのベーコンの言葉を記すのを禁ずることができない。これは極めて重要な養生訓である。しかもその根底にあるのは、健康は各自のものであるという、単純な、単純な故に敬虔なとさえいひ得る真理である。

誰も他人の身代りに健康になることができぬ、また誰も自分の身代りに健康になることができぬ。健康は全く銘々のものである。そしてまさにその点において平等のものである。私はそこにある宗教的なものを感じる。すべての養生訓はそこから出立しなければならぬ。

風采や気質や才能については、各人に個性があることは誰も知っている。しかるに健康について同じように、それが全く個性的なものであることを誰も理解しているであろうか。この場合ひとはただ丈夫なとか弱いとかいう甚だ一般的な判断で満足しているように思われる。ところが恋愛や結婚や交際において幸福と不幸を決定するひとつの最も重要な要素は、各自の健康における極めて個性的なものである。生理的親和性は心理的親和性に劣らず微妙で、大切である。多くの人間はそれに気付かない、しかし本能が彼等のために選擇を行つているのである。

かように健康は個性的なものであるとすれば、健康についての規則は人間的個性に関する規則と異らないことになるであろう。――即ちまず自己の個性を発見すること、その個性に忠実であること、そしてその個性を形成してゆくことである。生理学の規則と心理学の規則とは同じである。或いは、生理学の規則は心理学的にならねばならず、逆に心理学の規則は生理学的にならねばならぬ。

養生論の根底には全自然哲学がある。これは以前、東洋においても西洋においても、そうであったし、今日もまたそうでなければならぬ。ここに自然哲学というのはもちろんあの医学や生理学のことではない。この自然哲学と近代科学との相違は、後者が窮迫感から出発するのに反して、前者は所有感から出立するところにあるということができるであろう。発明は窮迫感から生ずる。故に後者が発明的であるのに反して、前者は発見的であるということもできるであろう。近代医学は健康の窮迫感から、その意味での病気感から出てきた。しかるに以前の養生論においては、所有されているものとしての健康から出立して、如何にしてこの自然のものを形成しつつ維持するかということが問題であった。健康は発明させない、病気が発明させるのである。

健康の問題は人間的自然の問題である。というのは、それは単なる身体の問題ではないということである。健康には身体の体操と共に精神の体操が必要である。

私の身体は世の中の物のうち私の思想が変化することのできるものであ

る。想像の病気は実際の病気になることができる。他の物においては私の仮定が物の秩序を乱すことはあり得ないのに。何よりも自分の身体に関する恐怖を遠ざけねばならぬ。恐怖は効果のない動揺を生ずるだけであり、そして思案はつねに恐怖を増すであろう。ひとは自分が破滅したと考えるようになる、ところが一旦何か緊急の用事が出来ると、彼は自分の生命が完全であるのを見出すといった例は多い。

自然に従えというのが健康法の公理である。必要なのは、この言葉の意味を形而上学的な深みにおいて理解することである。さしあたりこの自然は一般的なものでなくて個別的なもの、また自己形成的なものである。自然に従うというのは自然を模倣するということである。——模倣の思想は近代的な発明の思想とは異なっている。——その利益は、無用の不安を除いて安心を与えるという道徳的効果にある。

健康は物の形というように直観的具体的なものである。

近代医学が発達した後においても、健康の問題は究極において自然形而上学の問題である。そこに何か変化がなければならぬとすれば、その形而上学が新しいものにならねばならぬというだけである。医者の不養生という諺は、養生については、医者にも形而上学が必要であることを示すものにほかならぬ。

客観的なものは健康であり、主観的なものは病的である。この言葉のうちに含まれる形而上学から、ひとは立派な養生訓を引き出すことができるであろう。

健康の観念に最も大きな変化を与えたのはキリスト教であった。この影響はその主観性の哲学から生じたのである。健康の哲学を求めたニーチェがあのように厳しくキリスト教を攻撃したのは当然である。けれどもニーチェ自身の主観主義は、彼があれほど求めた健康の哲学に対して破壊的であるのほかなかった。ここに注意すべきことは、近代科学の客観主義は近代の主観主義を単に裏返したものであり、これと双生児であるということである。かようにして主観主義が出てきてから、病気の観念は独自性をもち、固有の意味を得てきたのである。病気は健康の欠乏というより積極的な意味のものとなった。

近代主義の行き着いたところは人格の分解であるといわれる。しかるにそれと共に重要な出来事は、健康の観念が同じように分裂してしまったということである。現代人はもはや健康の完全なイメージを持たない。そこに現代人の不幸の大きな原因がある。如何にして健康の完全なイメージを取り戻すか、これが今日の最大の問題の一つである。

「健康そのものというものはない」、とニーチェはいった。これは科学的判断ではなく、ニーチェの哲学を表明したものにほかならぬ。「何が一般に病気であるかは、医者の判断よりも患者の判断及びそれぞれの文化圏の支配的な見解に依存している」、とカール・ヤスペルスはいう。そして彼の考えるように、病気や健康は存在判断でなくて価値判断であるとすれば、それは哲学に属することにならう。経験的な存在概念としては平均というものを持ち出すほかない。しかしながら平均的な健康というものによっては人それぞれに個性的な健康について何等本質的なものを把握することができぬ。もしまた健康は目的論的概念であるとすれば、そのことによってまさにそれは科学の範囲を脱することになるであろう。

自然哲学或いは自然形而上学が失はれたということが、この時代にかくも健康が失はれている原因である。そしてそれがまたこの科学的時代に、病気に関してかくも多くの迷信が存在する理由である。

実際、健康に関する多くの記述はつねに何等かの形而上学的原理を含んでいる。例えばいう、変化を行ひ、反対のことを交換せよ、しかしより穏かな極端に対する好みをもって。絶食と飽食とを用いよ、しかしむしろ飽食を。覚めていることと眠ることとを、しかしむしろ眠ることを。坐つているることと動くこととを、しかしむしろ動くことを。――これはひとつの形而上学的思考である。また例えばいう、唯一つのことを変へるのは善くない、一つのことよりも多くのことを変へるのがより安全である。――これもひとつの形而上学的原理を現はしている。

健康というのは平和というのと同じである。そこに如何に多くの種類があり、多くの価値の相違があるであろう。

# 秩序について

例えば初めて来た家政婦に自分の書斎の掃除をまかせるとする。彼女は机の上やまはりに乱雑に置かれた本や書類や文房具などを整頓してきれいに並べるであろう。そして彼女は満足する。ところで今私が机に向かって仕事をしようとする場合、私は何か整はないもの、落着かないものを感じ、一時間もたたないうちに、せつかくきちんと整頓されているものをひつくり返し、元のように乱雑にしてしまうであろう。

これは秩序というものが何であるかを示す一つの単純な場合である。外見上極めてよく整理されているもの必ずしも秩序のあるものでなく、むしろ一見無秩序に見えるところにかえって秩序が存在するのである。この場合秩序というものが、心の秩序に関係していることは明らかである。どのような外的秩序も心の秩序に合致しない限り真の秩序ではない。心の秩序を度外視してどのように外面の秩序を整へたにしても空疎である。

秩序は生命あらしめる原理である。そこにはつねに温かさがなければならぬ。ひとは温かさによって生命の存在を感知する。

また秩序は充実させるものでなければならぬ。単に切り捨てたり取り払ったりするだけで秩序ができるものではない。虚無は明らかに秩序とは反対のものである。

しかし秩序はつねに経済的なものである。最少の費用で最大の効用を挙げるといふ経済の原則は秩序の原則でもある。これは極めて手近かな事実によつて証明される。節約——普通の経済的な意味での——は秩序尊重の一つの形式である。この場合節約は大きな教養であるのみでなく、宗教的な敬虔にさへ近づくであらう。逆に言ふと、節約は秩序崇拝の一つの形式であるといふ意味においてのみ倫理的な意味をもつている。無秩序は多くの場合浪費から来る。それは、心の秩序に関して、金銭の濫費においてすでにそうである。

時の利用といふものは秩序の愛の現れである。

最少の費用で最大の効用を挙げるといふ経済の法則が同時に心の秩序の

法則でもあるということは、この経済の法則が実は美学の法則でもあるからである。

美学の法則は政治上の秩序に関してさえ模範的であり得る。「時代の政治的問題を美学によって解決する」というシルレルの言葉は、何よりも秩序の問題に関して妥当するであろう。

知識だけでは足りない、能力が問題である。能力は技術と言い換えることができる。秩序は、心の秩序に関しても、技術の問題である。このことが理解されるのみでなく、能力として獲得されねばならぬ。

最少の費用で最大の効用を挙げるという経済の法則は実は経済的法則であるよりも技術的法則であり、かようなものとしてそれは美学の中にも入り込むのである。

プラトンの中でソクラテスは、徳は心の秩序であるといつている。これよりも具体的で実証的な徳の規定を私は知らない。今日最も忘れられているのは徳のこのような考え方である。そして徳は心の秩序であるという定義の論証にあたつてソクラテスが用いた方法は、注意すべきことに、建築術、造船術等、もろもろの技術との比論であった。これは比論以上の重要な意味をもっていることである。

心という実体性のないものについて如何にして技術は可能であるか、とひとはいうであろう。

現代物理学はエレクトロンの説以来物質というものから物体性を奪ひ去つた。この説は全物質界を完全に実体性のないものにするように見える。

我々は「実体」の概念を避けて、それを「作用」の概念で置き換へなければならぬといはれている。数学的に記述された物質はあらゆる日常的な親しさを失つた。

不思議なことは、この物質観の変革に相応する変革が、それに何等関係もない人間の心の中で準備され、実現されたということである。現代人の心理――必ずしも現存の心理学をいはないと現代物理学との平行を批評的に明らかにすることは、新しい倫理学の出発点でなければならぬ。

知識人というのは、原始的な意味においては、物を作り得る人間のことであった。他の人間の作り得ないものを作り得る人間が知識人であった。知識人のこの原始的な意味を我々はもう一度はっきり我々の心に思い浮べることが必要であると思う。

ホメロスの英雄たちは自分で手工業を行つた。エウマいオスは自分で革を裁断して履物を作ったといはれ、オデュッセウスは非常に器用な大工で指物師であったように記されている。我々にとってこれは羨望に価することではないであろうか。

道徳の中にも手工業的なものがある。そしてこれが道徳の基礎的なものである。

しかし困難は、今日物的技術において「道具」の技術から「機械」の技術に変化したような大きな変革が、道徳の領域においても要求されているところにある。

作ることによって知るということが大切である。これが近代科学における実証的精神であり、道徳もその意味において全く実証的でなければならぬ。

プラトンが心の秩序に相応して国家の秩序を考えたことは奇体なことではない。この構想には深い智恵が含まれている。あらゆる秩序の構想の根底には価値体系の設定がなければならぬ。しかるに今日流行の新秩序論の基礎にどのような価値体系が存在するであろうか。倫理学でさえ今日では価値体系の設定を放擲してしかも狡猾にも平然としている状態である。

ニーチェが一切の価値の転換を唱へて以後、まだどのような承認された価値体系も存在しない。それ以後、新秩序の設定はつねに何等か独裁的な形をとらざるを得なかった。一切の価値の転換というニーチェの思想そのものが実は近代社会の辿り着いた価値のアナーキーの表現であった。近代デモクラシーは内面的にはいわゆる価値の多神論から無神論に、即ち虚無主義に落ちてゆく危険があった。これを最も深く理解したのがニーチェであった。そしてかような虚無主義、内面的なアナーキーこそ独裁政治の地盤である。もし独裁を望まないならば、虚無主義を克服して内から立直らなければならない。しかるに今日我が国の多くのインテリゲンチャは独裁を極端に嫌ひながら自分自身はどうしてもニヒリズムから脱出することができないでいる。

外的秩序は強力によっても作ることができる。しかし心の秩序はそうではない。

人格とは秩序である、自由というものも秩序である。……かようなことが理解されねばならぬ。そしてそれが理解されるとき、主観主義は不十分となり、何等か客観的なものを認めなければならなくなるであろう。近代の主観主義は秩序の思想の喪失によって虚無主義に陥つた。いわゆる無の哲学も、秩序の思想、特にまた価値体系の設定なしには、その絶対主義の虚無主義と同じになる危険が大きい。

# 感傷について

　精神が何であるかは身体によって知られる。私は動きながら喜ぶことができる、喜びは私の運動を活溌にしさえするであろう。私は動きながら怒ることができる、怒は私の運動を激烈にしさえするであろう。しかるに感傷の場合、私は立ち停まる、少くとも静止に近い状態が私に必要であるように思われる。動き始めるや否や、感傷はやむか、もしくは他のものに変わってゆく。故に人を感傷から脱しさせようとするには、まず彼を立たせ、彼に動くことを強要するのである。かくの如きことが感傷の心理的性質そのものを示している。日本人は特別に感傷的であるということが正しいとすれば、それは我々の久しい間の生活様式に関係があると考えられないであろうか。

感傷の場合、私は坐つて眺めている、起つてそこまで動いてゆくのではない。いな、私はほんとには眺めてさえいないであろう。感傷は、何について感傷するにしても、結局自分自身に止まっているのであって、物の中に入つてゆかない。批評といひ、懐疑というも、物の中に入つてゆかない限り、一個の感傷に過ぎぬ。真の批評は、真の懐疑は、物の中に入つてゆくのである。

感傷は愛、憎しみ、悲しみ、等、他の情念から区別されてそれらと並ぶ情念の一つの種類ではない。むしろ感傷はあらゆる情念のとり得る一つの形式である。すべての情念は、最も粗野なものから最も知的なものに至るまで、感傷の形式において存在し乃至作用することができる。愛も感傷となることができるし、憎しみも感傷となることができる。簡単にいうと、感傷は情念の一つの普遍的な形式である。それが何か実体のないもののように思われるのも、それが情念の一つの種類でなくて一つの存在様相であるためである。

感傷はすべての情念のいわば表面にある。かようなものとしてそれはすべての情念の入口であると共に出口である。まず後の場合が注意される。ひとつの情念はその活動をやめるとき、感傷としてあとを引き、感傷として終る。泣くことが情念を鎮めることである理由もそこにある。泣くことは激しい情念の活動を感傷に変へるための手近かな手段である。しかし泣くだけでは足りないであろう。泣き崩れなければならぬ、つまり静止が必要である。ところで特に感傷的といわれる人間は、あらゆる情念にその固有の活動を与えないで、表面の入口で擴散させてしまう人間のことである。だから感傷的な人間は決して深いとはいはれないが無害な人間である。

感傷は矛盾を知らない。ひとは愛と憎しみとに心が分裂するという。しかしそれが感傷になると、愛も憎しみも一つに解け合ふ。運動は矛盾から生ずるという意味においても、感傷は動くものとは考えられないであろう。それはただ流れる、むしろただ漂ふ。感傷は和解の手近かな手段である。だからまたそれはしばしば宗教的な心、砕かれた心というものと混同される。我々の感傷的な心は仏教の無常観に影響されているところが少くないであろう。それだけに両者を厳格に区別することが肝要である。

感傷はただ感傷を喚び起す、そうでなければただ消えてゆく。情念はその固有の力によって創造する、乃至は破壊する。しかし感傷はそうではない。情念はその固有の力によっていマジネーションを喚び起す。しかし感傷に伴ふのはドリームでしかない。いマジネーションは創造的であり得る。しかしドリームはそうではない。そこには動くものと動かぬものとの間の差異があるであろう。

感傷的であることが芸術的であるかのように考えるのは、一つの感傷でしかない。感傷的であることが宗教的であるかのように考える者に至っては、更にそれ以上感傷的であるといはねばならぬ。宗教はもとより、芸術も、感傷からの脱出である。

瞑想は多くの場合感傷から出てくる、少くとも感傷を伴ひ、或いは感傷に変わってゆく。思索する者は感傷の誘惑に負けてはならぬ。

感傷は趣味になることができ、またしばしばさうなっている。感傷はそのように甘味なものであり、誘惑的である。瞑想が趣味になるのは、それが感傷的になるためである。

すべての趣味と同じように、感傷は本質的にはただ過去のものの上にのみ働くのである。それは出来つつあるものに対してでなく出来上つたものに対して働くのである。すべて過ぎ去つたものは感傷的に美しい。感傷的な人間は回顧することを好む。ひとは未来について感傷することができぬ。

少くとも感傷の対象であるような未来は真の未来ではない。

感傷は制作的でなくて鑑賞的である。しかし私は感傷によって何を鑑賞するのであろうか。物の中に入らないで私は物を鑑賞し得るであろうか。感傷において私は物を味っているのでなく自分自身を味っているのである。いな、正確にいうと、私は自分自身を味っているのでさえなく、ただ感傷そのものを味っているのである。

感傷は主観主義である。青年が感傷的であるのはこの時代が主観的な時期であるためである。主観主義者は、どれほど概念的或いは論理的に装はうとも、内実は感傷家でしかないことが多い。

あらゆる情念のうち喜びは感傷的になることが最も少い情念である。そこに喜びのもつ特殊な積極性がある。

感傷には個性がない、それは真の主観性ではないから。その意味で感傷は大衆的である。だから大衆文学というものは本質的に感傷的である。大衆文学の作家は過去の人物を取扱ふのがつねであるのも、これに関係するであろう。彼等と純文学の作家との差異は、彼等が現代の人物を同じように巧に描くことができない点にある。この簡単な事柄のうちに芸術論における種々の重要な問題が含まれている。

感傷はたいていの場合マンネリズムに陥つている。

身体の外観が精神の状態と必ずしも一致しないことは、一見極めて頑丈な人間が甚だ感傷的である場合が存在することによって知られる。

旅は人を感傷的にするという。彼は動くことによって感傷的になるのであろうか。もしそうであるとすれば、私の最初の定義は間違っていることになる。だがそうではない。旅において人が感傷的になり易いのは、むしろ彼がその日常の活動から脱け出すためであり、無為になるためである。感傷は私のウィク・エンドである。

行動的な人間は感傷的でない。思想家は行動人としての如く思索しなければならぬ。勤勉が思想家の徳であるというのは、彼が感傷的になる誘惑の多いためである。

あらゆる物が流転するのを見て感傷的になるのは、物を捉へてその中に入ることのできぬ自己を感じるためである。自己もまた流転の中にあるのを知るとき、私は単なる感傷に止まり得るであろうか。

感傷には常に何等かの虚栄がある。

# 仮説について

思想が何であるかは、これを生活に対して考えてみると明瞭になるであろう。生活は事実である、どこまでも経験的なものである。それに対して思想にはつねに仮説的なところがある。仮説的なところのないような思想は思想とはいはれないであろう。思想が純粋に思想としてもっている力は仮説の力である。思想はその仮説の大いさに従って偉大である。もし思想に仮説的なところがないとすれば、如何にしてそれは生活から区別され得るであろうか。考えるということもそれ自身としては明らかに我々の生活の一部分であって、これと別のものではない。しかるにそのものがなお生活から区別されるのは、考えるということが本質的には仮説的に考えることであるためである。

考えるということは過程的に考えることである。過程的な思考であって方法的であることができる。しかるに思考が過程的であるのは仮説的に考えるからである。即ち仮説的な思考であって方法的であることができる。懐疑にしても方法的であるためには仮説に依らねばならぬことは、デカルトの懐疑において模範的に示されている。

仮説的に考えるということは論理的に考えるということと単純に同じではない。仮説はある意味で論理よりも根源的であり、論理はむしろそこから出てくる。論理そのものが一つの仮説であるということもできるであろう。仮説は自己自身から論理を作り出す力をさえもっている。論理よりも不確実なものから論理が出てくるのである。論理も仮説を作り出すものと考えられる限りそれ自身仮説的なものと考えられねばならぬ。
すべて確実なものは不確実なものから出てくるのであって、その逆でないということは、深く考ふべきことである。つまり確実なものは与えられたものでなくて形成されるものであり、仮説はこの形成的な力である。認識は模写でなくて形成である。精神は芸術家であり、鏡ではない。

しかし思想のみが仮説的であって、人生は仮説的でないのであろうか。人生もある仮説的なものである。それが仮説的であるのは、それが虚無に繋がるためである。各人はいわば一つの仮説を証明するために生れている。生きていることは、ただ生きているということを証明するためではないであろう、——そのような証明はおよそ不要である、——実に、一つの仮説を証明するためである。だから人生は実験であると考えられる。——仮説なしに実験というものはあり得ない。——もとよりそれは、何でも勝手にやってみることではなく、自分がそれを証明するために生れた固有の仮説を追求することである。

人生が仮説的なものであるとすれば、思想が人生に対して仮説的なものとして区別されるのと同じ仕方で、人生がそのものに対して仮説的なものとして区別されるあるものがあるのでなければならぬ。

仮説が単に論理的なものでないことは、それが文学の思考などのうちにもあるということによって明らかである。小説家の創作行動はただひとすぢに彼の仮説を証明することである。人生が仮説の証明であるという意味はこれに類似している。仮説は少くともこの場合単なる思惟に属するのでなく、構想力に属している。それはフィクションであるということもできるであろう。仮説は不定なもの、可能的なものである。だからそれを証明することが問題である。それが不定なもの、可能的なものであるというのは単に論理的意味においてでなく、むしろ存在論的意味においてである。言い換えると、それは人間の存在が虚無を条件とするのみでなく虚無と混合されていることを意味している。従って仮説の証明が創造的形成でなければならぬことは小説におけると同じである。人生において実験というのはかような形成をいうのである。

常識を思想から区別する最も重要な特徴は、常識には仮説的なところがないということである。

思想は仮説でなくて信念でなければならぬといわれるかも知れない。しかるに思想が信念でなければならぬということこそ、思想が仮説であることを示すものである。常識の場合にはことさら信仰は要らない、常識にはは仮説的なところがないからである。常識は既にある信仰である、これに反して思想は信念にならねばならぬ。

すべての思想らしい思想はつねに極端なところをもっている。なぜならそれは仮説の追求であるから。これに対して常識のもっている大きな徳は中庸ということである。しかるに真の思想は行動に移すと生きるか死ぬるかといった性質をもっている。思想のこの危険な性質は、行動人は理解しているが、思想に従事する者においてはかえって忘れられている。ただ偉大な思想家のみはそのことを行動人よりも深く知っている。ソクラテスが従容として死に就いたのはそのためであったであろう。

誤解を受けることが思想家のつねの運命のようになっているのは、世の中には彼の思想が一つの仮説であることを理解する者が少いためである。しかしその罪の一半はたいていの場合思想家自身にもあるのであって、彼自身その思想が仮説的なものであることを忘れるのである。それは彼の怠惰に依ることが多い。探求の続いている限り思想の仮説的性質は絶えず現はである。

折衷主義が思想として無力であるのは、そこでは仮説の純粋さが失はれるためである。それは好むと好まないとにかかわらず常識に近づく、常識には仮説的なところがない。

仮説という思想は近代科学のもたらした恐らく最大の思想である。近代科学の実証性に対する誤解は、そのなかに含まれる仮説の精神を全く見逃したか、正しく把握しなかったところから生じた。かようにして実証主義は虚無主義に陥らねばならなかった。仮説の精神を知らないならば、実証主義は虚無主義に落ちてゆくのほかない。

# 旅について

ひとはさまざまの理由から旅に上るであろう。ある者は商用のために、他の者は視察のために、更に他の者は休養のために、またある一人は親戚の不幸を見舞ふために、そして他の一人は友人の結婚を祝ふために、というように。人生がさまざまであるように、旅もさまざまである。しかしながら、どのような理由から旅に出るにしても、すべての旅には旅としての共通の感情がある。一泊の旅に出る者にも、一年の旅に出る者にも、旅には相似た感懐がある。あたかも、人生はさまざまであるにしても、短い一生の者にも、長い一生の者にも、すべての人生には人生としての共通の感情があるように。

旅に出ることは日常の生活環境を脱けることであり、平生の習慣的な関係から逃れることである。旅の嬉しさはかように解放されることの嬉しさである。ことさら解放を求めてする旅でなくても、旅においては誰も何等か解放された気持になるものである。ある者は実に人生から脱出する目的をもってさえ旅に上るのである。ことさら脱出を欲してする旅でなくても、旅においては誰も何等か脱出に類する気持になるものである。旅の対象としてひとの好んで選ぶものが多くの場合自然であり、人間の生活であっても原始的な、自然的な生活であるというのも、これに関係すると考えることができるであろう。旅におけるかような解放乃至脱出の感情にはつねにある他の感情が伴つている。即ち旅はすべての人に多かれ少かれ漂泊の感情を抱かせるのである。解放も漂泊であり、脱出も漂泊である。そこに旅の感傷がある。

漂泊の感情はある運動の感情であって、旅は移動であることから生ずるといわれるであろう。それは確かにある運動の感情である。けれども我々が旅の漂泊であることを身にしみて感じるのは、車に乗つて動いている時ではなく、むしろ宿に落着いた時である。漂泊の感情は単なる運動の感情ではない。旅に出ることは日常の習慣的な、従って安定した関係を脱することであり、そのために生ずる不安から漂泊の感情が湧いてくるのである。旅は何となく不安なものである。しかるにまた漂泊の感情は遠さの感情なしには考えられないであろう。そして旅は、どのような旅も、遠さを感じさせるものである。この遠さは何キロと計られるような距離に関係していない。毎日遠方から汽車で事務所へ通勤している者であっても、彼はこの種の遠さを感じないであろう。ところがたとえそれよりも短い距離であっても、一日彼が旅に出るとなると、彼はその遠さを味ふのである。旅の心は遙かであり、この遙けさが旅を旅にするのである。それだから旅において我々はつねに多かれ少かれ浪漫的になる。浪漫的心情というのは遠さの感情にほかならない。旅の面白さの半ばはかようにして想像力の作り出すものである。旅は人生のユートピアであるとさえいうことができるであろう。しかしながら旅は単に遙かなものではない。旅はあわただしいものである。鞄一つで出掛ける簡単な旅であっても、旅には旅のあわただしさがある。汽車に乗る旅にも、徒歩で行く旅にも、旅のあわただしさがあるであろう。旅はつねに遠くて、しかもつねにあわただしいものである。それだからそこに漂泊の感情が湧いてくる。漂泊の感情は単に遠さの感情ではない。遠くて、しかもあわただしいところから、我々は漂泊を感じるのでである。遠いと定まっているものなら、何故にあわただしくする必要があるであろうか。それは遠いものでなくて近いものであるかも知れない。いな、旅はつねに遠くて同時につねに近いものである。そしてこれは旅が過程であるということを意味するであろう。旅は過程である故に漂泊である。出発点が旅であるのではない、到着点が旅であるのでもない、旅は絶えず過程である。ただ目的地に着くことをのみ問題にして、途中を味ふことができない者は、旅の真の面白さを知らぬものといわれるのである。日常の生活において我々はつねに主として到達点を、結果をのみ問題にしている、これが行動とか実践とかいうものの本性である。しかるに旅は本質的に観想的である。旅において我々はつねに見る人である。平生の実践的生活から脱け出して純粋に観想的になり得るということが旅の特色である。旅が人生に対して有する意義もそこから考えることができるであろう。

何故に旅は遠いものであるか。未知のものに向かってゆくことである故に。日常の経験においても、知らない道を初めて歩く時には実際よりも遠く感じるものである。仮にすべてのことが全くよく知られているとしたなら、日常の通勤のようなものはあつても本質的に旅というべきものはないであろう。旅は未知のものに引かれてゆくことである。それだから旅には漂泊の感情が伴つてくる。旅においてはあらゆるものが既知であるということはあり得ないであろう。なぜなら、そこでは単に到着点或いは結果が問題であるのでなく、むしろ過程が主要なのであるから。途中に注意している者は必ず何か新しいこと、思い設けぬことに出会ふものである。旅は多かれ少かれ習慣的になつた生活形式から脱け出ることであり、かようにして我々は多かれ少かれ新しくなった眼をもって物を見ることができるようになっており、そのためにまた我々は物において多かれ少かれ新しいものを発見することができるようになっている。平生見慣れたものも旅においては目新しく感じられるのがつねである。旅の利益は単に全く見たことのない物を初めて見ることにあるのでなく、——全く新しいといひ得るものが世の中にあるであろうか——むしろ平素自明のもの、既知のもののように考えていたものに驚異を感じ、新たに見直すところにある。我々の日常の生活は行動的であって到着点或いは結果にのみ関心し、その他のもの、途中のもの、過程は、既知のものの如く前提されている。毎日習慣的に通勤している者は、その日家を出て事務所に来るまでの間に、彼が何を為し、何に会ったかを恐らく想ひ起すことができないであろう。しかるに旅においては我々は純粋に観想的になることができる。旅する者は為す者でなくて見る人である。かように純粋に観想的になることによって、平生既知のもの、自明のものと前提していたものに対して我々は新たに驚異を覚え、或いは好奇心を感じる。旅が経験であり、教育であるのも、これに依るのである。

人生は旅、とはよくいわれることである。芭蕉の奥の細道の有名な句を引くまでもなく、これは誰にも一再ならず迫ってくる実感であろう。人生について我々が抱く感情は、我々が旅において持つ感情と相通ずるものがある。それは何故であろうか。

どこからどこへ、ということは、人生の根本問題である。我々はどこから来たのであるか、そしてどこへ行くのであるか。これがつねに人生の根本的な謎である。そうである限り、人生が旅の如く感じられることは我々の人生感情として変ることがないであろう。いったい人生において、我々はどこへ行くのであるか。我々はそれを知らない。人生は未知のものへの漂泊である。我々の行き着く処は死であるといわれるであろう。それにしても死が何であるかは、誰も明瞭に答えることのできぬものである。どこへ行くかという問は、ひるがえって、どこから来たかと問はせるであろう。過去に対する配慮は未来に対する配慮から生じるのである。漂泊の旅にはつねにさだかに捉え難いノスタルヂヤが伴つている。人生は遠い、しかも人生はあわただしい。人生の行路は遠くて、しかも近い。死は刻々に我々の足もとにあるのであるから。しかもかくの如き人生において人間は夢みることをやめないであろう。我々は我々の想像に従って人生を生きている。人は誰でも多かれ少かれユートピアンである。旅は人生の姿である。旅において我々は日常的なものから離れ、そして純粋に観想的になることによって、平生は何か自明のもの、既知のものの如く前提されていた人生に対して新たな感情を持つのである。旅は我々に人生を味わさせる。あの遠さの感情も、あの近さの感情も、あの運動の感情も、私はそれらが客観的な遠さや近さや運動に関係するものでないことを述べてきた。旅において出会うのはつねに自己自身である。自然の中を行く旅においても、我々は絶えず自己自身に出会うのである。旅は人生のほかにあるのでなく、むしろ人生そのものの姿である。

既にいったように、ひとはしばしば解放されることを求めて旅に出る。旅は確かに彼を解放してくれるであろう。けれどもそれによって彼が真に自由になることができると考えるなら、間違ひである。解放というのはある物からの自由であり、このような自由は消極的な自由に過ぎない。旅に出ると、誰でも出来心になり易いものであり、気紛れになりがちである。人の出来心を利用しようとする者には、その人を旅に連れ出すのが手近かな方法である。旅は人を多かれ少かれ冒険的にする、しかしこの冒険と雖も出来心であり、気紛れであるであろう。旅における漂泊の感情がそのような出来心の根底にある。しかしながら気紛れは真の自由ではない。気紛れや出来心に従ってのみ行動する者は、旅において真に経験することができぬ。旅は我々の好奇心を活溌にする。けれども好奇心は真の研究心、真の知識欲とは違っている。好奇心は気紛れであり、一つの所に停まって見ようとはしないで、次から次へ絶えず移ってゆく。一つの所に停まり、一つの物の中に深く入ってゆくことなしに、如何にして真に物を知ることができるであろうか。好奇心の根底にあるものも定めなき漂泊の感情である。また旅は人間を感傷的にするものである。しかしながらただ感傷に浸つていては、何一つ深く認識しないで、何一つ独自の感情を持たないでしまはねばならぬであろう。真の自由は物においての自由である。それは単に動くことでなく、動きながら止まることであり、止まりながら動くことである。動即静、静即動というものである。人間到る処に青山あり、という。この言葉はやや感傷的な嫌いはあるが、その意義に徹した者であって真に旅を味わうことができるであろう。真に旅を味わい得る人は真に自由な人である。旅することによって、賢い者はますます賢くなり、愚かな者はますます愚かになる。日常交際している者が如何なる人間であるかは、一緒に旅してみるとよく分るものである。人はその人それぞれの旅をする。旅において真に自由な人は人生において真に自由な人である。人生そのものが実に旅なりである。

# 個性について

個性の奥深い殿堂に到る道はテーバイの町の門の数のように多い。私の一々の生活は私の信仰の生ける告白であり、私の個々の行為は私の宗教の語らざる伝道である。私のうちに去来するもろもろの心は自己の堂奥に祀られたるものの直接的な認識を私に喚び起させるために生成し、発展し、消滅する。それ故に有限なものを通して無限なものを捕捉し得る者は、私の唯一つの思想感情もしくは行為を知ることによってさえ、私がまことの神の信者であるか、それともバールの僧侶であるかを洞察し得るであろう。しかしながら多くの道があるということはその意味を掴み得ない者にとっては単に迷路があるというに過ぎない。

私は私のうちに無数の心像が果てしなく去来するのを意識する。私というものは私の脳裡に生ずる表象や感情や意欲の totum discretum であるのか。それは「観念の束」ででもあるのか。けれども私は一切の活動がただ私に於て起ることを知っている。私というものは無数の心像がその上に現れては消えつつ様々な悲喜劇を演ずる舞台であるのか。それはすべてのものがそこへ入って行くが何ものもそこから出て来ないところの「獅子の住む洞穴」ででもあるのか。しかし私は私の精神過程の生成と消滅、生産と衰亡の一切がただ私に因って起ることを知っている。

もし私というものが私のあらゆる運動と変化がその前で演じられる背景であるとすれば、それは実に奇怪で不気味な Unding であるといはねばならぬ。私はそれに如何なる指示し得べき内容をも与えることができない。なぜなら私がそれについて表象する性質は悉く此背景をまって可能なのであって背景そのものではないから。従ってそれはもはや個性であることをやめねばならない。私はかようなものをただ何物でもなくまた、何物からも生じない抽象的実体として考え得るのみである。かくして私は虚無観の前にたたずむ。私によって決して体験されることがないこの悪魔的な Unding は、私が経験する色あり響あるすべての喜びと悲しみを舐め尽くし、食い尽くしてしまう。しかし私はこの物から再び七彩の交錯する美しい世界へ帰るべき術を知らないのである。

私もまた「萬の心をもつ人」である。私は私の内部に絶えずせめぎ合い、いがみ合い、相反対し、相矛盾する多くの心を見出すのである。しかしながら私はこれら無数の愛し合い、助け合う、そして実にしばしば憎しみ合い、挑み合う心の aggregatum per accidens ではないであろう。或いはそれらの心像が単に心理学的法則に従って結合したものでないであろう。私にして「観念の束」に過ぎないとすれば、心理学者が私を理解しようとして試みる説明は正当である。彼等は私のうちに現れる精神現象を一定の範疇と法則とに従って分類し、総括し、また私の記憶が視覚型に属するか、聴覚型に属するか、更に私の性格が多血質であるか、胆汁質であるか、等々、を決定する。けれども抽象的な概念と言語はすべてのものから個性を奪って一様に黒塊を作り、ピーターとポールとを同じにする悪しきデモクラシーを行うものである。私は普遍的な類型や法則の標本もしくは伝達器として存在するのであるか。しからば私もまたいわねばならない、「私は法則のためにではなく例外のために作られたような人間の一人である」と。七つの天を量り得るとも、誰がいったい人間の魂の軌道を計ることができよう。私は私の個性が一層多く記述され定義されることができればできるほど、その価値が減じてゆくように感じるのである。

　ひとは私に個性が無限な存在であることを教え、私もまたそう信じている。地球の中心というもののように単に一あって二ないものが個性ではない。一号、二号というように区別される客観的な個別性或いは他との比較の上での独自性をもっているものが個性であるのではない。個性とはかえって無限な存在である。私が無限な存在であるというのは、私の心裡に無数の表象、感情、意欲が果てしなく交替するという意味であろうか。しかしもし私にしてそれらの精神過程の単に偶然的なもしくは外面的な結合に過ぎないならば、私はただ現象として存在し得るばかりである。私にして現象である以上の意味をもつことができないならば永劫の時の流れの一つの点に浮び出る泡沫にも比すべき私の生において如何に多くのものがそのうちに宿されようとも、いずれは須臾（しゅゆ）にして消えゆく私の運命ではないか。もろもろの太陽をも容赦しない時の経過は、私の脳裡に生起する心像の無限をひとたまりもなく片付けてしまうであろう。それ故に私にして真に無限な存在であるべきならば、私のうちに時の生じ得ず、また時の滅し得ざるある物が存在するのでなければならない。

　けれども私は時間を離れて個別化の原理を考え得るであろうか。個性というのは一回的なもの、繰り返さないもののことではないであろうか。しかし私は単に時間的順序によってのみ区別されるメトロノームの相次いで鳴る一つ一つの音を個性と考えることを躊躇する。時間は個性の唯一性の外面的な徴表に過ぎないのであって、本質的には個性は個性自身の働きそのものにおいて区別されるのでなければならぬ。個性の唯一性はそれが独立な存在として「他の何物の出入すべき窓を有せず」、自足的な内面的発展を遂げるところに成立するのであって、個性は自己活動的なものである故に自己区別的なものとして自己の唯一性を主張し得るのである。もとより私が世界過程の如何なる時に生を享けるかということは、あたかも音楽の一つの曲の如何なる瞬間にある音が来るかということが偶然でないように、偶然ではないであろう。それは私という個性の内面的な意味の関係によって決定されることである。しかし私は時間の形式によって音楽を理解するのでなく、むしろ音楽において真の時間そのものを体験するのである。「自然を理解しようとする者は自然の如く黙してこれを理解しなければならぬ」といわれたように、個性を理解しようと欲する者は時の流れのざわめきを超越しなければならない。彼は能弁を捕えてその首を捻じなければならない。けれども私が時の流れを離脱するのは時の経過の考え尽くすことができぬ遙かの後においてではなく、私が流れる時の中に自己を浸して真に時そのものになったときである。単なる認識の形式としての時間から解放されて、純粋持続に自由に身を委せたときである。眺めるところに個性の理解の道はない。私はただ働くことによって私の何であるかを理解し得るのである。

一様に推移し流下する黒い幕のような時の束縛と規範からのがれ出るとき、私は無限を獲得するのでないか。なぜなら自己活動的なものは無限なものでなければならないから。単に無数の部分から合成されたものが無限であるのではなく、無限なものにおいては部分は全体が限定されて生ずるものとしてつねに全体を表現している。そして私がすべての魂を投げ出して働くとき、私の個々の行為には私の個性の全体が現実的なものとしてつねに表現されているのである。無限なものは一つの目的、または企図に統一されたものであって、その発展の一つの段階は必然的に次の段階へ移りゆくべき契機をそのうちに含んでいる。理智の技巧を離れて純粋な学問的思索に耽るとき、感情の放蕩を去って純粋な芸術的制作に従うとき、欲望の打算を退けて純粋な道徳的行為を行うとき、私はかような無限を体験する。思惟されることができずただ体験されることができる無限は、つねに価値に充ちたもの即ち永遠なものである。それは意識されるにせよ意識されぬにせよ、規範意識によって一つの過程から次の過程へ必然的に導かれる限りなき創造的活動である。かような必然性はもとより因果律の必然性ではなく、超時間的で個性的な内面的必然性である。

しかしながら私は私が無限を体験すること即ち真に純粋になることが極めて稀であることを告白しなければならない。私は多くの場合「ひとはそれを理性と名付けてただあらゆる動物よりも一層動物的になるために用いている」とメフィストが嘲ったような理性の使用者である。私の感情はたいていの時生産的創造的であることをやめて、怠惰になり横着になって、媚びと芝居気に充ちた道楽をしようとする。私の意志は実にしばしば利己的な打算が紡ぐ網の中に捲き込まれてしまうのである。かようにして私は、個性が搖籃と共に私に贈られた贈物ではなく、私が戦いをもって獲得しなければならない理念であることを知った。しかし私はこの量り難い宝が自己の外に尋ねらるべきものではなくて、ただ自己の根源に還って求めらるべきものであることも知った。求めるということはあるがままの自己に執しつつ他の何物かをそれに付け加えることではない。ひとは自己を滅することによってかえって自己を獲得する。それ故に私は偉大な宗教家が「われもはや生けるにあらず、キリストわれにおいて生けるなり」といったとき、彼がキリストになったのでなく、彼が真に彼自身になったのであることを理解する。私の個性は更生によってのみ私のうちに生れることができるのである。

哲学者は個性が無限な存在であることを次のように説明した。個性は宇宙の生ける鏡であって、一にして一切なる存在である。あたかも相集まる直線が作る無限の角が会する単一な中心の如きものである。すべての個別的実体は神が全宇宙についてなした決意を表わしているのであって、一個の個性は全世界の意味を唯一の仕方で現実化し表現するミクロコスモスである。個性は自己自身のうちに他との無限の関係を含みつつしかも全体の中において占めるならびなき位置によって個性なのである。しからば私は如何にして全宇宙と無限の関係に立つのであるか。この世に生を享けた、または享けつつある、または享けんとする無数の同胞の中で、時空と因果とに束縛されたものとして私の知り得る人間はまことに少ないではないか。この少数の人間についてさえ、彼等のすべてと絶えず交渉することは、私を人間嫌いにしてしまうであろう、私はむしろ孤独を求める。しかしながらひとは賑かな巷を避けて薄暗い自分の部屋に帰ったとき真に孤独になるのではなく、かえって「ひとは星を眺めるとき最も孤独である」のである。永遠なものの観想のうちに自己を失うとき、私は美しい絶対の孤独に入ることができる。

　しからば私は哲学者が教えたように神の予定調和にあって他との無限の関係に入っているのであろうか。私は神の意志決定に制約されて全世界と不変の規則的関係に立っているのでもあろうか。しからば私は一つの必然に機械的に従っているのであり、私の価値は私自身にではなく私を超えて普遍的なものに依存しているのではないか。私はむしろ自由を求める。そして私がほんとに自由であることができるのは、私が理智の細工や感情の遊戯や欲望の打算を捨てて純粋に創造的になったときである。かような孤独とかような創造とのうちに深く潜み入るとき、詩人が“Voll milden Ernsts, in thatenreicher Stille”と歌った時間において、私は宇宙と無限の関係に立ち、一切の魂と美しい調和に抱き合うのではないであろうか。なぜならそのとき私はどのような無限のものもその中では与えられない時間的世界を超越して、宇宙の創造の中心に自己の中心を横たえているのであるから。自由な存在即ち一個の文化人としてのみ私は、いわゆる社会の中で活動するにせよしないにせよ、全宇宙と無限の関係に入るのである。かようにしてまた個性の唯一性はそれが全体の自然の中で占める位置の唯一性に存するのではなく、本質的にはそれが全体の文化の中で課せられている任務の唯一性に基礎付けられるものであることを私は知るのである。

個性を理解しようと欲する者は無限のこころを知らねばならぬ。無限のこころを知ろうと思う者は愛のこころを知らねばならない。愛とは創造であり、創造とは対象に於て自己を見出すことである。愛する者は自己において自己を否定して対象において自己を生かすのである。「一にして一切なる神は己自身にも秘密であった、それ故に神は己を見んがために創造せざるを得なかった。」神の創造は神の愛であり、神は創造によって自己自身を見出したのである。ひとは愛において純粋な創造的活動のうちに没するとき、自己を独自の或物として即ち自己の個性を見出す。しかしながら愛せんと欲する者にはつねに愛し得ざる嘆きがあり、生まんとする者は絶えず生みの悩みを経験しなければならぬ。彼は彼が純粋な生活に入ろうとすればするほど、利己的な工夫や感傷的な戯れやこざかしい技巧がいよいよ多くの誘惑と強要をもって彼を妨げるのを痛感しなければならない。そこで彼は「われは罪人の首なり」と叫ばざるを得ないのである。私達は悪と誤謬との苦しみに血を流すとき、懺悔と祈りとのために大地に涙するとき、真に自己自身を知ることができる。怠惰と我執と傲慢とほど、私達を自己の本質の理解から遠ざけるものはない。

自己を知ることはやがて他人を知ることである。私達が私達の魂がみずから達した高さに応じて、私達の周囲に次第に多くの個性を発見してゆく。自己に対して盲目な人の見る世界はただ一様の灰色である。自己の魂をまたたきせざる眼をもって凝視し得た人の前には、一切のものが光と色との美しい交錯において拡げられる。あたかもすぐれた書家がアムステルダムのユダヤ街にもつねに絵書的な美と気高い威厳とを見出し、その住民がギリシア人でないことを憂えなかったように、自己の個性の理解に透徹し得た人は最も平凡な人間の間においてさえそれぞれの個性を発見することができるのである。かようにして私はここでも個性が与えられたものではなくて獲得されねばならぬものであることを知るのである。私はただ愛することによって他の個性を理解する。分ち選ぶ理智を捨てて抱きかかえる情意によってそれを知る。場当りの印象や気紛れな直観をもってではなく、辛抱強い愛としなやかな洞察によってそれを把握するのである。――「なんぢ心を尽くし、精神を尽くし、思を尽くして主なる汝の神を愛すべし、これは大にして第一の誡なり、第二も亦之にひとし、己の如く汝の隣を愛すべし。」

# 後記

　この書物はその性質上序文を必要としないであろう。ただ簡単にその成立について後記しておけば足りる。このノートは、「旅について」の一篇を除き、昭和十三年六月以来『文学界』に掲載されてきたものである。もちろんこれで終るべき性質のものでなく、ただ出版者の希望に従って今までの分を一冊に纏めたというに過ぎない。この機会に私は『文学界』の以前の及び現在の編集者、式場俊三、内田克己、庄野誠一の三君に特に謝意を表しなければならぬ。一つの本が出来るについて編集者の努力のいかに大きく、それがいわば著者と編集者との共同製作であるといった事情は、多くの読者にはまだそれほど理解されていないのではないかと思う。編集者の仕事の文化的意義がもっと一般に認識され、それにふさわしい尊敬の払われることが望ましいのである。

付録とした「個性について」（一九二〇年五月）という一篇は、大学卒業の直前『哲学研究』に掲載したものであって、私が公の機関に物を発表した最初である。二十年前に書かれたこの幼稚な小論を自分の思い出のためにここに収録するという我儘も、本書の如き性質のものにおいては許されることであろうか。

昭和十六（一九四一）年六月二日

三木　清

本書の構成について

※本書は創元社選書79『人生論ノート』昭和十六年九月十五日刊行第三刷を底本に、現代仮名遣いに改めた。

※人生論ノート連載の初出は以下の通り。

死について（原名「死と伝統」）　昭和十三年六月。同年五月一日の日記（『三木清全集』第十九巻、岩波書店、一九六八年、二一五頁。以下同書は『全集』）に「一日引籠つて『文學界』の原稿を書く。「死と傳統」といふ随想である。」とある。

幸福について（原名「個性と幸福」）　昭和十三年七月

懐疑について　（原名「懐疑と独断」。『全集』十九巻月報十一頁の正誤を元に記載）昭和十三年（一九三八年）十月

習慣について　昭和十四年一月
虚栄について　昭和十四年三月
名誉心について　昭和十四年四月
怒について　昭和十四年五月
人間の条件について（原名「人間の条件」）　昭和十四年八月
孤独について　昭和十五年四月
嫉妬について　昭和十五年六月
成功について　昭和十五年七月
瞑想について　昭和十五年八月
噂について　昭和十六年一月
利己主義について　昭和十六年二月
健康について　昭和十六年三月
秩序について　昭和十六年四月

感傷について　昭和十六年五月
仮説について　昭和十六年六月
（後記の日付　昭和十六年六月）
偽善について　昭和十六年七月
娯楽について　昭和十六年八月
（創元社版『人生論ノート』初版刊行日付が昭和十六年八月四日）
希望について　昭和十六年十月
旅について　不詳
個性について　大正九年（一九二〇年）五月

これを三木の状況と重ねよう。昭和十二年十一月に『中央公論』へ「日本の現実」を発表、それが縁となり近衛文麿の勉強会である昭和研究会に昭和十三年から会員となり、文化部会の中心として「新日本の思想原理」をとりまとめ昭和十四年一月に発表。しかし昭和研究会は大政翼賛会にとって変わられるような形で昭和十五年十一月に解散する。昭和十六年十二月八日真珠湾攻撃、開戦。昭和十七年一月「戦時認識の基調」を『中央公論』に発表、「この論文が軍部の忌諱に触れ、〔略〕これを契機に『中央公論』『改造』等の主要綜合雑誌へ著者の執筆する論説的な原稿は載らなくなった」（『全集』第十九巻、八八五頁）。昭和十九年三月、伴侶のいと子が死去。昭和二十年三月検挙され、六月に東京拘置所、豊多摩刑務所へ移送。同年八月ポツダム宣言受諾。終戦後の九月二十六日に三木は獄死する。十年にも満たない短い期間に時局と彼の人生の大きな変化、死があり、その渦中で『人生論ノート』は生まれた。

※創元社版は『人生論ノート』が連載後、初めて書籍化されたものである。これには「偽善について」「娯楽について」「希望について」が収録されていない。一九五一年刊行の『三木清著作集』岩波書店より「仮説について」と「旅について」の間にその三点を挟む構成となり、『全集』もその形を踏襲、新潮文庫、角川ソフィア文庫、青空文庫もこれらを底本としている。本書では創元社版底本に

することから、その三点を別紙とする。『人生論ノート』「後記」において三木自身が「ただ出版者の希望に従って今までの分を一冊に纏めたというに過ぎない。」としているが、ただ単に区切りであれば「仮説について」までを一冊にする、もしくは「偽善について」から「希望について」までをいれて数か月先の刊行にする可能性もあったはずだ。至らず恐縮だが、本書刊行にあたって資料を探したが、はっきりと理由はつかめなかった。連載を単行本化にするにあたっての調整は珍しいことではなく、ことさらそのことを現時点で大ごとにとらえたいわけではないが、なぜ創元社版の形での刊行になったのか、当時の社会状況や三木のその後を考えると、事務的商業的な気にする必要のないことなのか、なんらか時節の影響があったのか、つまびらかにしたい気持ちが残る。また、その後どのような予定がされていたのかは、その道が断たれたことがただただ残念でならない。

二〇二四年六月　編集　小林えみ

人生論ノート

二〇二四年六月三〇日　第一刷発行
著者　三木　清
発行者　よはく舎　東京都府中市片町二ノ二一ノ九
Printed in Japan　ISBN 978-4-910327-17-4

企画「戦争と人間　孤独」集　全3冊
一、坂口安吾『青鬼の褌を洗う女』
二、三木　清『人生論ノート』
三、小林えみ『孤独について』